A SANDRA, MI VALENCIANA, ¿QUIERES CASARTE CONMIGO?

PAELLA

Más de 50 recetas para convertirse en un maestro arrocero

OMAR ALLIBHOY

Fotografías de Facundo Bustamante

CONTENIDOS

INTRODUCCIÓN

8 Mi amor por la paella

12 La *terreta* y los valencianos

15 Paella es sinónimo de fiesta

16 Paella para todos y a diario

19 Creatividad y controversia

GUÍA PARA MAESTROS ARROCEROS

24 En busca de la paella perfecta

26 Los ingredientes básicos

36 La paellera

40 La fuente de calor

44 Los cuatro pilares básicos para una paella de primera

RECETAS

52 Paella valenciana (la original y la mejor)

54 Arroces de carne

100 Arroces de pescado

132 Arroces de verduras

154 Caldos y extras

170 Tu paella

171 Índice

174 Agradecimientos

175 Acerca del autor

INTRODUCCIÓN

MI AMOR POR LA PAELLA

Mi amor por la paella comenzó a una edad muy temprana, en una pequeña arrocería llamada Posada de San Miguel en el pintoresco pueblo costero de Altea, en la región de Valencia. Por suerte, mis abuelos tenían un apartamento en la cercana ciudad de Benidorm, donde pasábamos días festivos al menos un par de veces al año junto con toda la familia, casi veinte personas. Fue el campamento de verano más divertido que podríamos haber soñado de niños, y todavía hoy proporciona recuerdos hermosos. Cada agosto celebrábamos el cumpleaños de mi abuelo en la Posada de San Miguel. Era su restaurante preferido para la paella de cumpleaños, que rápidamente se convirtió en una tradición familiar.

Desde entonces, diría que mi relación con la paella ha sido productiva. Empecé a cocinar pronto, pero en casa nunca cocinábamos paellas, ya que no son típicas de Madrid, donde crecí y, simplemente, no entraban en el repertorio de mi madre. Así que cuando íbamos a la costa de vacaciones, este famoso plato que tantos restaurantes ofrecían me parecía exótico y especial. Era raro encontrar un restaurante donde alimentar a una familia numerosa como la nuestra con una sola paellera –en la región de Valencia, a esa sartén se la llama también paella–, que llegara al centro de la mesa para compartirla, y la paella era la solución perfecta.

Fue en la Posada de San Miguel donde pregunté por primera vez si podía entrar a la cocina «para echar un vistazo», explicando que me encantaba cocinar y quería aprender. Como puedes imaginar, no muchos niños de siete años hacen eso en los restaurantes, y de los cientos de lugares donde pregunté durante mucho tiempo, solo recuerdo un par de ocasiones en las que me lo negaron. Era lo mío: me encantaba la buena comida e ir a restaurantes era un verdadero placer; una visita no estaba completa sin entrar en la cocina unos minutos, quedarme ante la mesa de pase y mirar, o aprender algo sobre los fogones (¡antes de la época de los temores de «higiene y seguridad»!). Fue fascinante. Hoy todavía recuerdo esa cocina a la perfección, con largas encimeras de ladrillo en forma de U, y docenas de fuegos de leña donde se cocían las paellas y una isla en el centro donde se preparaban los ingredientes para cada una de estas. El fuego alimentado con troncos de limoneros y naranjos, así como ramas de vid, era tan feroz que las llamas envolvían cada paella por encima del borde. Era una maravilla y mucha información que procesar para un niño. Sigo soñando aún con abrir un restaurante de paellas.

Esa fue mi introducción a la paella, pero soy una persona curiosa y desde entonces he sondeado a otros sobre sus recuerdos. A lo largo de los años, me he dado cuenta de que cualquiera que haya comido una paella (a diferencia de una pizza, hamburguesa o cualquier otro plato) al menos una vez, lo recuerda. Es algo notable. Creo que la razón más probable son los buenos recuerdos que a menudo se asocian a una paella. Por algo se ha convertido en el plato nacional español. Para los turistas de todo el mundo que vienen a nuestras costas y se alojan en grandes hoteles, así como para los cruceristas, la paella es el plato que siempre se sirve en las galas de bienvenida y marca el comienzo de sus vacaciones. En la mayoría de estos casos, la paella no sabe excepcional, pero cuando está rodeada de banderitas españolas y otras decoraciones en la gran terraza de un hotel costero del este o el sur de España, o en la cubierta de un enorme crucero en una noche bellamente cálida inundada con aromas de jazmín y mar, no imagino otro plato más placentero para los comensales. Es esta poderosa conexión emocional lo que personalmente creo que hace que la paella sea tan popular y querida tanto por los españoles como por todas las personas a quienes damos la bienvenida a nuestro amado país.

LA «TERRETA» Y LOS VALENCIANOS

Para los que no han experimentado las diferentes regiones de España, y para dar una idea del lugar y su gente, debo explicar que, a pesar de ser un país relativamente pequeño, es inmensamente diverso. La geografía y el clima difieren mucho de una región a otra y estamos formados por una mezcla de culturas y personas que vagaron, principalmente en los últimos 2000 años, por las diversas regiones que constituyen nuestra tierra hoy. No voy a entrar en detalles sobre las diferencias culturales (eso sería un libro entero), pero son numerosas, y eso es lo que hace que España, su gente y su comida sean tan ricas y fascinantes. Esta también suele ser la razón por la que aquí a menudo nos sintamos más patrióticos respecto a la región de la que venimos que al país en su conjunto. Esto no tiene nada que ver con la política; es puro sentido de pertenencia.

La región de Valencia es de donde proviene la paella. Forma una larga franja costera orientada al este, hacia las aguas turquesas del Mediterráneo. En consecuencia, es un lugar cálido y soleado durante todo el año: inviernos suaves, veranos calurosos, húmedos a veces, pero ocasionalmente bendecidos con una ligera brisa marina. La lluvia es escasa, como en la mayor parte de España, por lo que resulta un lugar ideal para mantener un estilo de vida envidiable. Y no solo los valencianos lo piensan; es una tierra de ensueño para muchos, desde madrileños como yo hasta inmigrantes británicos y alemanes que han elegido esta región para vivir.

Como cabe esperar, los valencianos aman su *terreta* (su sentido de pertenencia, cultura y patria). Esta *terreta* se divide en tres provincias, que forman la Comunidad Autónoma Valenciana: Castellón, Valencia y Alicante. La hermosa ciudad de Valencia (la tercera más grande de España después de Madrid y Barcelona) se encuentra en la provincia de Valencia. Cerca de la ciudad se halla el Parque Natural de la Albufera. Es un oasis, una laguna de agua dulce alimentada por los ríos Turia y Júcar, rodeada de bosques, humedales y arrozales, con una biodiversidad muy rica. Este lugar exacto es el epicentro de la paella. Es aquí donde se cultiva el arroz de paella y donde el plato encuentra sus orígenes.

La ciudad de Valencia es el lugar de nacimiento de mi pareja y su familia, por lo que durante los últimos años he pasado bastante tiempo en la región y sus alrededores, y es cuando he obtenido una comprensión más

profunda de los valencianos, a pesar de haber pasado las vacaciones allí gran parte de mi vida.

Es difícil describir a las personas de un determinado lugar cuando se habla de un área tan amplia, pero colectivamente he encontrado que los valencianos son un grupo generoso. Todo lo que hacen, lo hacen con generosidad, ya sea en el amor, el trabajo, la amistad, la docencia o la alimentación (¡y saben hacer una buena paella!). Las personas que he conocido al escribir este libro me han recibido con los brazos y corazones abiertos y han compartido sus conocimientos, sin esperar nada a cambio. Me sentí como si fuera amigo y familia. Tal vez pienses que soy parcial, pero incluso mi querido amigo argentino Facundo, quien ha realizado las fotografías de este libro, experimentó esta generosidad de primera mano y la comentó varias veces durante nuestros viajes.

Te animo a que visites la región si no lo has hecho ya.

PAELLA ES SINÓNIMO DE FIESTA

En toda España, los domingos es cuando te reúnes con tus seres queridos. En la región de Valencia, esta reunión se centrará en la cocción y el consumo de una paella. Esta distinción, aunque parezca trivial, es importante, ya que se convierte en un evento mucho mayor. Reunirse para la paella significa cocinarla desde cero mientras todos están allí, en lugar de tener la mesa puesta con los entrantes listos y el plato principal en el horno, esperando a que lleguen tus amigos y familiares. Este es otro ejemplo clave de la cultura de la paella y lo que ejemplifica: reunir a todos para participar en la preparación de la comida.

Un domingo normal, la mesa puede ponerla un invitado, mientras que otros preparan las ensaladas, el alioli y el pan. Incluso el evento principal, la paella, no la cocina necesariamente el anfitrión; puede ser otra persona, y por lo general, todos ayudan (y se meten) en su elaboración. Cada persona defiende su propia opinión sobre la mejor manera de preparar una paella, por lo que el proceso siempre implica mucha broma.

Quedar para comer paella es una actividad de todo el día. Desde el aperitivo, con bebidas y algo de picoteo, hasta la preparación de los ingredientes y del fuego, la mesa, la elaboración de entrantes y la cocción de la propia paella, el día está lleno de buena comida y buena compañía. Incluso una vez que se termina de comer, el día no acaba ahí: de una manera muy española pasamos a la sobremesa, la charla y la risa que pueden durar tanto que, sin darse cuenta, se hace la hora de la cena.

PAELLA PARA TODOS Y A DIARIO

Este libro va dirigido a cualquier persona que ame la buena comida y quiera preparar y comer nuevos platos en casa. De la misma manera que uno puede incluir un buen curry, una reconfortante sopa, un plato de rica pasta, un asado y un par de postres decentes en su repertorio de cocina, la paella debe ser una comida semanal básica.

Lo maravilloso de la paella es que es una comida completa, nutritiva y equilibrada; y resulta prodigioso que se cocine en un solo recipiente. Sin entrar de lleno en el aspecto nutricional, diría que en general, dependiendo de los sabores e ingredientes que elijas, una paella es un plato equilibrado, con muchas verduras, una menor cantidad de carne o pescado y mucho arroz. Todo aderezado con buen aceite de oliva virgen extra y, por supuesto, el caldo. Es una fórmula que encaja perfectamente bajo el paraguas de la famosa dieta mediterránea, que ha demostrado ser indicada para vivir más y de manera más saludable.

Una de las mejores cosas de la paella es que resulta sencilla de cocinar y es muy asequible, ya que la mayor parte del plato consiste en arroz. Por supuesto, preparar y comer una paella puede ser una actividad de fin de semana, pero también es ideal para comer entre semana.

A todo el mundo le gusta la paella. Siempre se sirve con orgullo y alegría y se recibe en la mesa con inmensa gratitud. Esto puede tener algo que ver con el hecho de que viene en una sartén enorme y ofrece un aspecto delicioso. Pero también es porque los que están a punto de disfrutar de ella saben el esfuerzo que ha supuesto cocinarla: eso transforma las comidas en algo especial, sin importar el día de la semana o a quién se esté alimentando.

CREATIVIDAD Y CONTROVERSIA

La paella significa mucho para los valencianos y no se me ocurre ningún otro plato en el mundo que esté tan protegido por su gente y a la vez ofrezca un potencial tan grande de controversia. Los valencianos siempre están dispuestos a una discusión completa, si es necesario, sobre la diferencia entre una paella y cualquier otro plato de arroz. Siempre me parece divertido (quizás esto deja claro que no soy un verdadero valenciano, ¡solo de adopción!).

Durante décadas, la paella ha sido un punto controvertido y un tema de conversación interesante. Los tradicionalistas creen que solo hay una forma verdadera de preparar una paella, sin espacio para la experimentación, y que todos los demás platos se llaman arroces. Es un buen debate, pero yo soy un poco menos tradicional y creo que, fuera de Valencia, todas las recetas de este libro se pueden clasificar como paellas si se cocinan en una paellera. Sin embargo, para los tradicionalistas y los curiosos, he incluido una receta de paella valenciana: la original y la mejor, en la página 52. A decir verdad, creo que la paella valenciana es mi favorita entre todas las paellas y arroces. Me considero un gourmet absoluto, por lo que debe de haber algo destacable en esta receta concreta. Las tradiciones están ahí por una razón, y si se ama una cosa durante generaciones, es que merece ser venerada, como es el caso de la paella valenciana. La popularidad de la paella no hace más que crecer y expandir sus fronteras, un hecho que habla por sí mismo. Tanto si estás a favor como en contra, diviértete y únete a la broma cuando alguien saque el tema.

Personalmente creo que es divertido experimentar con la comida. Mi respetado y admirado amigo Jamie Oliver fue duramente criticado por su versión de una paella hace unos años y eso me sorprendió. Para mí, juzgar a alguien por crear su propia versión de un plato es insultante, especialmente a alguien como Jamie Oliver, que ha enseñado a tantos millones de personas en todo el mundo a cocinar y comer mejor. Como español orgulloso, y como alguien que dedica su vida a enseñar a cocinar comida española, prefiero a alguien que intenta hacer su propia interpretación de un plato de mi país, que a quien no lo intenta.

Me encantan las paellas tradicionales, a veces más que mis propios inventos, probablemente porque he comido muchas a lo largo de mi vida; me he empapado de los sabores y están arraigados en mi memoria. Comer una paella tradicional simplemente me hace sentir bien y al instante me transporta a mi infancia, rodeado de mis seres queridos. Pero eso no me impide probar cosas nuevas y experimentar en la cocina.

Con la paella, al igual que con cualquier otro plato, se fomenta el método de ensayo y error. ¡La práctica y la experimentación son la única manera de alcanzar el éxito! No hay demasiadas actividades cotidianas que permitan la creatividad: la mayoría de nosotros no dibujamos ni componemos música a diario, ¡pero sí cocinamos a diario! Probar cosas nuevas es beneficioso para el cerebro y para el estómago. ¡Alimenta tu creatividad!

Los ingredientes poco convencionales pueden conducir a grandes resultados (así como a alguno catastrófico…). Por ejemplo, digamos que has utilizado copos de atún ahumado *katsuobushi* para enriquecer un caldo de pescado. Eso agregaría sabor umami y elevarías el caldo a otro nivel. Ya que acabas de usar un ingrediente japonés, ¿qué te impediría cocinar una paella de influencia nipona? Agrega salsa de soja al caldo y aromatízalo con alga wakame seca molida o con té matcha en lugar de azafrán, luego termina cubriéndola con un poco de berenjena al miso y finaliza la cocción en el horno. Esa misma idea podría provocar que los tradicionalistas de la paella se revolvieran en sus tumbas, pero las posibilidades son realmente infinitas y los principios culinarios de la paella siguen siendo los mismos, algo que en última instancia es la razón por la que escribí este libro. Ya sea para una paella improvisada con lo que quede en la nevera un martes por la noche, o una paella tremendamente inventiva y exquisita cocinada en la barbacoa el fin de semana, mi objetivo es ayudarte a dominar los conceptos básicos para elaborarla, de modo que tú decidas ser tan tradicional o creativo como quieras. ¡Adelante!

¡Buen provecho!

GUÍA PARA MAESTROS ARROCEROS

EN BUSCA DE LA PAELLA PERFECTA

Bienvenido a la sección del libro donde aprenderás el arte de preparar paellas excepcionales.

Soy de la opinión de que los cereales (me refiero al arroz y el trigo) son de los ingredientes más difíciles de cocinar. Como chef, me he encontrado con un sinfín de dificultades con ambos, y me ha llevado mucho tiempo entenderlos y dominarlos. Y cuando se trata de arroz, para mí no existe otra técnica de cocina tan complicada como cocinarlo a la perfección en una paella. Toda mi vida, elaborar paellas que queden sobresalientes ha sido un desafío. He dedicado más tiempo al arte único de entenderlas y cocinarlas que a cualquier otro plato o estilo de cocina, y las sigo considerando igual de interesantes y fascinantes hoy que hace 30 años.

Soy uno de esos apasionados que disfrutan investigando, aprendiendo y mejorando, así que aún no he dejado de descubrir cosas acerca de la paella. Sin embargo, pensé que ya era hora de poner mis aprendizajes hasta la fecha en papel con la esperanza de ayudar a tantas personas como fuera posible a conocer la belleza de este plato. Espero transmitir suficientes conocimientos digeribles de esta obsesión mía para que logres precisamente eso.

Debo confesar que acabo de alcanzar este nivel de maestría recientemente. Antes de escribir este libro realicé un par de viajes a Valencia para compartir y aprender de algunos de los chefs de paella más talentosos del mundo, y esta fue la clave para perfeccionar mis paellas. Era la pieza que faltaba en el rompecabezas; logré más en seis días de lo que había logrado en tres décadas. Al igual que con otras artes, solo compartiendo conocimientos y experiencias se puede realmente dar sentido a tu propio viaje. Comparte tus propias experiencias, ya que será la única forma de encontrar a otros que compartan las suyas contigo. No olvides etiquetarme en Instagram con todas tus creaciones (@omarallibhoy), para colaborar y aprender unos de otros.

A lo largo de mi carrera como docente en escuelas de cocina y en mis restaurantes, formando tanto a chefs de talento como a principiantes, he llegado a comprender cómo conectar con los estudiantes y cómo transmitir mejor el conocimiento. Creo que es ideal mantener las cosas simples en todos los niveles, así que he evitado usar vocabulario supertécnico o términos científicos, y expongo las cosas de manera informal y ligera, como lo haría con mis amigos. Podría fácilmente ponerme muy técnico con el tema de la paella, pero he optado por ir hasta su esencia para que domines los conceptos básicos y empezar desde allí.

LOS INGREDIENTES BÁSICOS

Como este es un libro de cocina monotemático, hay un puñado de ingredientes que se repiten receta tras receta. Estos ingredientes básicos son tan fundamentales para el plato en sí que merecen presentaciones individuales. El resultado final de la paella se verá directamente influenciado por la calidad de estos ingredientes, por lo que es lógico pensar que comprender su importancia y seleccionarlos bien es esencial para una buena paella.

ARROZ

No debería sorprenderte que la paella tenga que ver con el arroz, después de todo, es lo que constituye la proporción principal del plato. El arroz es tanto el ingrediente principal como el portador del sabor. Ocupa un lugar central, por lo que, naturalmente, todos los demás ingredientes están ahí para complementarlo y elevarlo.

Para cocinar paella solo hay una variedad de arroz que se presta perfectamente a la tarea, y esa es la Japonica. Es importante diferenciarlo de la otra variedad de arroz, la Indica, que está más fácilmente disponible y se consume en todo el mundo. Son muy distintas entre sí en apariencia, sabor y forma en que se cocinan. Las variedades Indica populares son el basmati indio o el arroz jazmín tailandés; ambos de granos largos y delgados, de fuerte sabor propio, no absorben muy bien otros sabores y se notan esponjosos en la boca una vez cocinados. Son excelentes para acompañar comidas como guarnición y funcionan bien cocidos simplemente en agua, tal como se hace en toda Asia. La variedad Japonica es un grano más corto y redondeado, y necesita absorber mucha más agua para cocinarse a la perfección. Así, es capaz de absorber los sabores fantásticamente bien, uno de los aspectos más importantes en la elaboración de una sabrosa paella. La textura del arroz también es crucial. En una paella bien cocida, cada grano debe estar separado de los demás y presentarse suave en la boca, todavía con un poco de textura, pero no al dente ni duro en el centro. Con las variedades Japonica somos capaces de lograrlo.

A lo largo de la costa mediterránea de España crece un amplio espectro de plantas de arroz Japonica. Existen tantas variedades en oferta, cada una con sus propias diferencias sutiles, que puede ser abrumador: bahía, J. Sendra, bomba, bombita, albufera, balilla x sollana… Lo más importante es que todos dan resultados fantásticos. Algunas variedades están protegidas por la Denominación de Origen, como el Arroz de Valencia, el Calasparra o el Arroz del Delta del Ebro. Estas variedades tradicionales se cultivan y cosechan dentro de un conjunto de criterios y proporcionan de los mejores arroces disponibles para paella. Dicho esto, los estándares de producción de alimentos en España son en general tan elevados que se consiguen arroces extraordinarios de productores más pequeños o mayores, a menudo a mitad de precio. Con la mayoría de arroces de marca blanca de los supermercados de todo el mundo, bajo el nombre de «arroz de paella» o «arroz de paella español», sale una paella fantástica.

Mis amigos Edu, de Molino Roca, y Juan, de Arroz Tartana, están revolucionando la escena arrocera como resultado de la investigación, la mejora y la búsqueda incesante de un mejor grano para cocinar paellas (no les interesa ningún otro propósito para su arroz). Sus esfuerzos han hecho que su arroz se utilice ahora en los mejores restaurantes de paella y con estrellas Michelin de España. Sin entrar en detalles, a través del proceso de molienda y pulido del arroz, eliminación de la cáscara y descarte de los granos dañados, su arroz es impecable, homogéneo y lo más blanco posible, con un bajo nivel de almidón que nos permite crear las paellas más delicadas y sabrosas. Por desgracia, no es fácil de encontrar fuera de España, ya que la producción es limitada.

Después de haber cocinado con casi todas las variedades de arroz Japonica, y debido a que el mundo del arroz es vasto y a menudo confuso, en las recetas de este libro simplemente me he referido al «arroz para paella». Descubre lo que tu tienda local o supermercado ofrece, ya que dondequiera que estés, las variedades pueden cambiar un poco. Mientras cocines con arroz español, saldrá bien. En términos generales, no hay un arroz español mejor o peor para la paella; sin embargo, ciertos tipos resultan más indicados para paellas secas y otros mejores para paellas o arroces caldosos: se trata de experimentar.

Para completar esta introducción, mi único consejo si estás comenzando es que te ciñas a una marca de arroz que puedas obtener fácilmente. De esta manera, aprenderás cuánta agua absorbe y cómo se comporta y se cocina en tus fogones, y así conseguir buenas paellas en casa. Algunos tipos de arroz para paella se cocinan en 16 minutos, otros en 20 minutos, y absorben diferentes cantidades de líquido durante la cocción, por lo que siempre es mejor familiarizarse con una variedad o marca primero. Cuantos menos elementos cambies en tu aprendizaje con la paella, más fácil será gozar de buenos resultados de manera constante, que es el primer paso para el dominio del plato.

AJO

El ajo es la hortaliza más utilizada en España, la añadimos prácticamente a todo y su aroma está presente a lo largo y ancho del país. Si se usa generosamente, incluso atrae clientes a un restaurante. Es picante e impregna de sabor todo lo que toca. Para mí, la más bonita de sus cualidades es que, dependiendo de cómo lo prepares y lo uses, produce diferentes niveles de sabor: crudo en un gazpacho, frotado sobre un poco de pan crujiente, finamente picado y sofrito en una paella, cortado en rodajas y salteado con verduras o usado con la piel para aromatizar un guiso… Se convierte en una versión diferente de sí mismo en función de cómo se trate. No se me ocurre otro vegetal que dé tanto juego como el ajo, así que tenía que formar parte de nuestro plato más famoso.

Para la paella, me gusta freír el ajo brevemente en aceite justo antes de agregar el pimentón ahumado dulce y los tomates, lo cual evita que se queme y se vuelva amargo. Algunos chefs de paella prefieren no arriesgarse a freírlo en el aceite porque existe el riesgo de cocinarlo en exceso, y en su lugar prefieren rallarlo junto con los tomates. En mi opinión, se pierden un truco: aromatizar el aceite con ese poco de magia del ajo conserva el sabor hasta el final del proceso de cocción.

ACEITE

Para mí no hay nada mejor en el mundo de las grasas que el jugo crudo extraído del primer prensado de aceitunas –lo que comúnmente llamamos aceite de oliva virgen extra– y es clave para una paella deliciosa. España es el mayor productor de aceite de oliva, representa el 50 por ciento de la producción total mundial. No debería sorprender entonces que lo usemos indiscriminadamente en toda nuestra cocina y nunca encontrarás aceite de oliva a mejor precio que el español, es pura economía de escala. Así que prescinde de marcas italianas de «aceites de origen UE» y ve directamente al aceite de oliva producido en España. En la actualidad, se puede encontrar en cualquier parte del mundo, aunque dependiendo del país, puede ser más caro en comparación con el aceite local. Lo importante es que uses aceite de oliva, en lugar de cualquier otro aceite vegetal o de frutos secos, de modo que, incluso si no consigues el mejor, usa un aceite de oliva ligero.

Lo que pasa con el aceite de oliva es que tiene un sabor afrutado particular que se transmite hasta el plato terminado, y esto es importante para el sabor de la paella. En algunos casos, entiendo que algunos chefs (no cocineros caseros, esto nunca sucedería en un hogar español) prefieran ahorrar dinero y usar un aceite más asequible y ligero para cocinar una paella con carne o más rica en proteínas, donde la grasa de las carnes utilizadas predominará y el sutil sabor afrutado del aceite ya no se notará. Sin embargo, esa sería la única excepción, y nunca usaría ningún otro aceite que no sea aceite de oliva virgen extra para mis arroces de verduras y marisco.

El aceite cumple una serie de funciones a lo largo del proceso de cocción de la paella:

- Fríe los ingredientes, caramelizándolos y reteniendo sus jugos y sabores naturales.

- Aromatiza con su sabor afrutado los sabores de los otros ingredientes.

- Sella el arroz, ayudando al almidón a permanecer dentro de cada grano y dándole un brillo nacarado.

- Cuando se agrega el caldo, el aceite flota de manera natural en la parte superior, proporcionando una película protectora que actúa como una tapa para la paella, ayudando a vaporizar los granos de arroz una vez que el caldo ha sido absorbido. (Esta es una de las razones por las que nunca debes remover el arroz, ya que perforarías la película de aceite y la capa superior de arroz terminaría poco cocida.)

- Cuando el caldo haya reducido, parte del aceite se filtra a través de la capa de arroz para llegar nuevamente al fondo de la paellera, donde ayuda a caramelizar la capa de caldo glutinoso rico en colágeno para formar un socarrat glorioso (véase la página 49).

- Como el arroz no absorbe el aceite, al comer la paella, el aceite sabroso que cubre cada grano le da una textura suelta: la paella debe quedar solo ligeramente aceitosa.

PIMENTÓN DULCE AHUMADO

Esta es sin duda mi especia española favorita. En casa lo compro en latas de 800 g (1 lb 12 oz), que me duran alrededor de un año, ¡creo que eso te dice todo lo que necesitas saber sobre cuánto me gusta! El pimentón dulce ahumado es un polvo fino, de color rojo brillante con un aroma intensamente ahumado. Se elabora moliendo pimientos rojos ahumados y secos, cultivados principalmente en la región de Extremadura. Se producen otros pimentones en España, como las variedades agridulce y picante, tanto ahumadas como sin ahumar, pero a efectos de la paella, me gustaría enfatizar que el pimentón dulce ahumado de esta región en particular es el que ofrece los mejores resultados, así que intenta conseguirlo en tu supermercado.

A diferencia de otros pimientos que se secan al sol, para elaborar pimentón dulce ahumado, los pimientos se colocan sobre superficies de malla metálica en el primer piso de secaderos al humo (a menudo pintorescos). En la planta baja, se alimentará una gran chimenea con troncos de roble durante unos 10 días, manteniendo una temperatura constante similar a la de una sauna, en completa oscuridad, hasta que los pimientos se sequen completamente al humo. Lo que se consigue es un sabor agridulce, un color rojo brillante (ya que se mantiene el color con la oscuridad y la falta de sol) y el aroma ahumado más fragante y delicado que alcances a imaginar.

Los que no hayan probado esta especia antes, sé que la encontrarán revolucionaria. Se puede emplear y adaptar a la mayoría de estilos de cocina: tu curry nunca volverá a ser el mismo. Como cualquier otra especia, debe freírse ligeramente en aceite durante unos momentos para activar sus aceites esenciales y dar vida a su sabor y fragancia. Sin embargo, cabe advertir que está tan finamente molida que se quema y amarga en 5 segundos si la sartén está demasiado caliente. Dispón de los tomates rallados a mano para que difundan el calor tan pronto como

el pimentón haya aromatizado el aceite. Además de sabor, el pimentón dulce ahumado es lo que le da a la paella su color distintivo. Cuando lo agregues al aceite caliente, verás qué rápido se tiñe de rojo vibrante.

AZAFRÁN

Esta especia está hecha de los estigmas secos de la flor *Crocus sativus*, de un bello color púrpura, tan fina y delicada que se requiere un enorme trabajo para cosecharla a mano. Siempre me resulta difícil describir el sabor del azafrán, ya que no hay nada que se le parezca; a menudo termino diciendo lo mismo, cuando me preguntan: «Sabe a azafrán». Hasta la fecha no he encontrado otro sabor que recuerde vagamente al azafrán, y eso es lo que lo hace tan especial e irremplazable.

La gente a menudo piensa que el azafrán se agrega a la paella por el color que proporciona, y que es sustituible por colorante alimentario naranja. Esto realmente me frustra: el colorante alimentario da un amarillo brillante, luminoso, casi fluorescente que anuncia «bronceado falso». Las paellas son preciosas en todas sus tonalidades naturales: verdosas por las alcachofas, parduscas como consecuencia de la caramelización, y sí, anaranjadas por el azafrán y el pimentón… Pero por alguna extraña razón, el brillo de las paellas se ha sacado de contexto y se ha convertido en lo que la gente imagina que es una paella. El azafrán es una especia delicada y especial que se utiliza principalmente para dar sabor al plato.

El azafrán es la especia más cara del mundo, y bien vale su precio. Se necesitan tantas flores para producir solo un gramo de esta especia cosechada a mano que su alto precio queda justificado. Sí, el coste inicial puede parecer desalentador, pero no te desanimes: hace falta tan poco azafrán al cocinar que representa una cantidad asequible por persona de un ingrediente que es muy especial. Dependiendo de la calidad que obtengas, debes usar entre 0,05 g y 0,1 g por persona. Cuanto mejor sea la calidad, menos cantidad necesitarás.

En España producimos una pequeña cantidad de esta especia tan preciada, pero es de la más alta calidad. Por ello la DOP Azafrán de La Mancha es el azafrán más caro. Toda la cosecha se agota cada año, así que no necesito promocionarlo, sino todo lo contrario. También puedes comprar azafrán de increíble calidad cultivado en Irán y en varios otros países por un tercio del precio del español, así que compara precios. Pero vigila que no te estafen, pues como con todos los artículos valiosos, el fraude existe, así que asegúrate de comprarlo de una fuente fiable.

Actualmente compro alrededor de 6 kg (13 lb) de azafrán cada año para mis restaurantes, a un costo aproximado de 35 000 €. Por eso, ahora cuento con un experto en el comercio de azafrán (¡sí, ese trabajo existe!) para que me enseñe todo lo que sabe sobre el tema y asegurarme de tomar las mejores decisiones al elegir y comprar azafrán.

También hemos estudiado la manera de obtener el mayor rendimiento de cada valioso estigma y, tras numerosos ensayos, esto es lo que hemos concluido:

- Tostar en seco el azafrán ligeramente.

- Machacarlo con una mano de mortero para obtener un polvo fino.

- Dejar reposar el polvo en agua tibia o caldo 10-20 minutos antes de agregarlo al arroz.

En la práctica, esto significa agregar el azafrán al caldo caliente 20 minutos antes de agregar el caldo a la paellera si usas hilos, o 10 minutos antes de agregar el caldo si lo has molido. El tiempo restante de infusión quedará cubierto por los tiempos de cocción y reposo de la paella. Esta es la mejor manera de sacar el mejor partido de tu azafrán (y, por lo tanto, la mejor relación calidad-precio).

Utiliza esta imagen de tamaño natural como guía para medir el azafrán. Será útil en particular si no dispones de una balanza de alta precisión.

0,1 GRAMOS
(pizca pequeña)

0,2 GRAMOS
(pizca mediana)

0,4 GRAMOS
(pizca grande)

ÑORAS DESHIDRATADAS

Este pimiento rojo redondo y seco es muy especial, pero desafortunadamente rara vez se encuentra fuera de España. Ni siquiera es muy utilizado dentro de España, pero aporta un sabor particular al cocinar paellas de marisco y verduras, gracias a su inusual aroma afrutado y tostado, muy característico de este estilo de paella y arroces más caldosos. Es importante freír los pimientos con cuidado para aprovecharlos al máximo, activar sus aceites esenciales y liberar grandes cantidades de fragancia ahumada con notas de café tostado.

Doy instrucciones sobre cómo usarlos en cada receta, pero se suelen freír ligeramente, luego se mezclan con el tomate o se usan enteros en el caldo para que hagan infusión y se rehidraten. Si se usan enteros en el caldo, no se comen, ya que son de prominente sabor amargo.

Si no encuentras ñoras secas, no te preocupes: conseguirás sabores muy similares con copos de pimiento dulce seco, disponibles en la mayoría de las tiendas de alimentación del mundo. Simplemente fríelos con el ajo antes de agregar el pimentón ahumado dulce y los tomates.

TOMATES

Qué fruta tan sabrosa y aterciopelada, en especial cuando madura en la planta bajo un sol cálido, algo con lo que la mayoría de nosotros solo podemos soñar si vivimos en climas más fríos. En muchos países, los tomates deben ser importados desde lejos, refrigerados aún verdes y luego esforzarse por madurar hasta convertirse en una fruta medio decente. En España se consumen muchos tomates y se veneran los que producimos. Ponemos empeño en elegir el tomate perfecto para diferentes propósitos y nuestros frigoríficos domésticos están abastecidos con muchas variedades, unas para ensalada, otras para salsas y otras para paella. Para la paella lo ideal son tomates con un alto contenido de pulpa y poco líquido; en otras palabras, un tomate «carnoso» que ha alcanzado la madurez. Te recomiendo que los dejes fuera de la nevera para darles la oportunidad de desarrollar algo de sabor y una textura más suave. Los tomates para paella deben rallarse con un rallador de queso grueso, que al tiempo los pela, pero también puedes triturarlos en un procesador de alimentos. Por supuesto, puedes usar *passata* italiana comprada o tomates en lata troceados en su lugar. De hecho, dependiendo de la época del año y de dónde vivas, a menudo es mejor usar tomates enlatados en lugar de frescos fuera de temporada. Si este es el caso, solo hace falta asegurarte de comprar la mejor variedad enlatada que te puedas permitir.

CALDO

Una de las principales formas de lograr un gran sabor al cocinar es utilizar caldos ricos, algo aún más crucial cuando el ingrediente principal del plato es el arroz, como ocurre con la paella. El caldo que utilices se absorberá en su totalidad al cocinar la paella, aportando grandes cantidades de sabor. Para los propósitos de este libro, ofrezco algunas recetas de caldo que funcionarán con todas las recetas de paella. Para elevar tu paella a otro nivel, en la página 44 encontrarás información más detallada sobre caldos, así como las recetas principales en las páginas 157-163.

ALIOLI

Yo lo llamo el kétchup español; posee un sabor sensacional y es un gran acompañamiento tanto para arroces de marisco como de verduras. Hay quien lo sirve indiscriminadamente con todas sus paellas. Personalmente, prefiero reservarlo para un buen arroz de marisco. Con él pasa como con el limón: si lo exprimes sobre todos los platos, no notarás los distintos sabores, ¡así que, tómatelo con calma! Dispones de cuatro recetas clásicas de alioli casero en las páginas 166-167.

LA PAELLERA

La paella comienza y termina con la paellera, paellero o paella, una sartén ancha con dos asas que da nombre al que se ha convertido en el plato más famoso de España. Mucha gente argumentará que, de hecho, no hay paella sin paellera. No estoy de acuerdo, ya que las recetas en sí mismas son mucho más que la sartén en la que se cocinan. En última instancia, la paellera es solo un utensilio, sin duda muy especial, y si no dispones de una, no se acaba el mundo, ya que puedes usar la sartén más ancha de tu cocina. He preparado paellas en sartenes docenas de veces, con resultados fantásticos. Sin embargo, no intentaría cocinarlas en sartén para más de dos personas; si pretendes aumentar las raciones, la sartén no será lo bastante grande.

Dicho esto, te recomiendo encarecidamente que compres una paellera. No solo podrás cocinar paellas excepcionales, sino que la vas a usar para muchos otros platos, ya que es la mejor sartén a prueba de horno. Estoy convencido de que si te decides a comprarla (echa un vistazo a mi tienda en línea), la usarás con más frecuencia que la mayoría de las sartenes o bandejas de horno que ya posees. Yo cocino pizza en la mía: primero en los fogones y luego bajo el gratinador; horneo las tartas de manzana más grandes; cocino salsas a las que agrego pasta hervida y luego cubro con queso y horneo.

En ella salteo sofritos orientales y arroz frito como si usara un wok. ¡Podría seguir y seguir! Te garantizo que amortizarás la inversión.

Te preguntarás: ¿por qué no puedo cocinar una paella en una olla, cacerola o cazuela? Bueno, la paella es un plato tan especial que los españoles tuvimos que diseñar una sartén que nos permitiera lograr el mejor sabor y textura posibles. Las paelleras son tan anchas y poco profundas para lograr una cocción perfecta.

Paella perfecta = (arroz / caldo) × (calor + tamaño de la paellera) / tiempo

Esta relación es mucho más controlable en una superficie más ancha y menos profunda. Cuantas más raciones, más ancha debe ser la sartén, en lugar de más profunda, como suele ocurrir para la mayoría de los platos.

Por eso hay más tamaños de paelleras en el mundo que de cualquier otra sartén, y por eso ves paellas gigantes que se cocinan para celebraciones en los pueblos. Una paella de primera clase debe tener la textura correcta, y esta textura es imposible de lograr si la profundidad de la capa de arroz es superior a 2 cm (¾ in).

Existen muchos tipos diferentes de paelleras. El más tradicional,

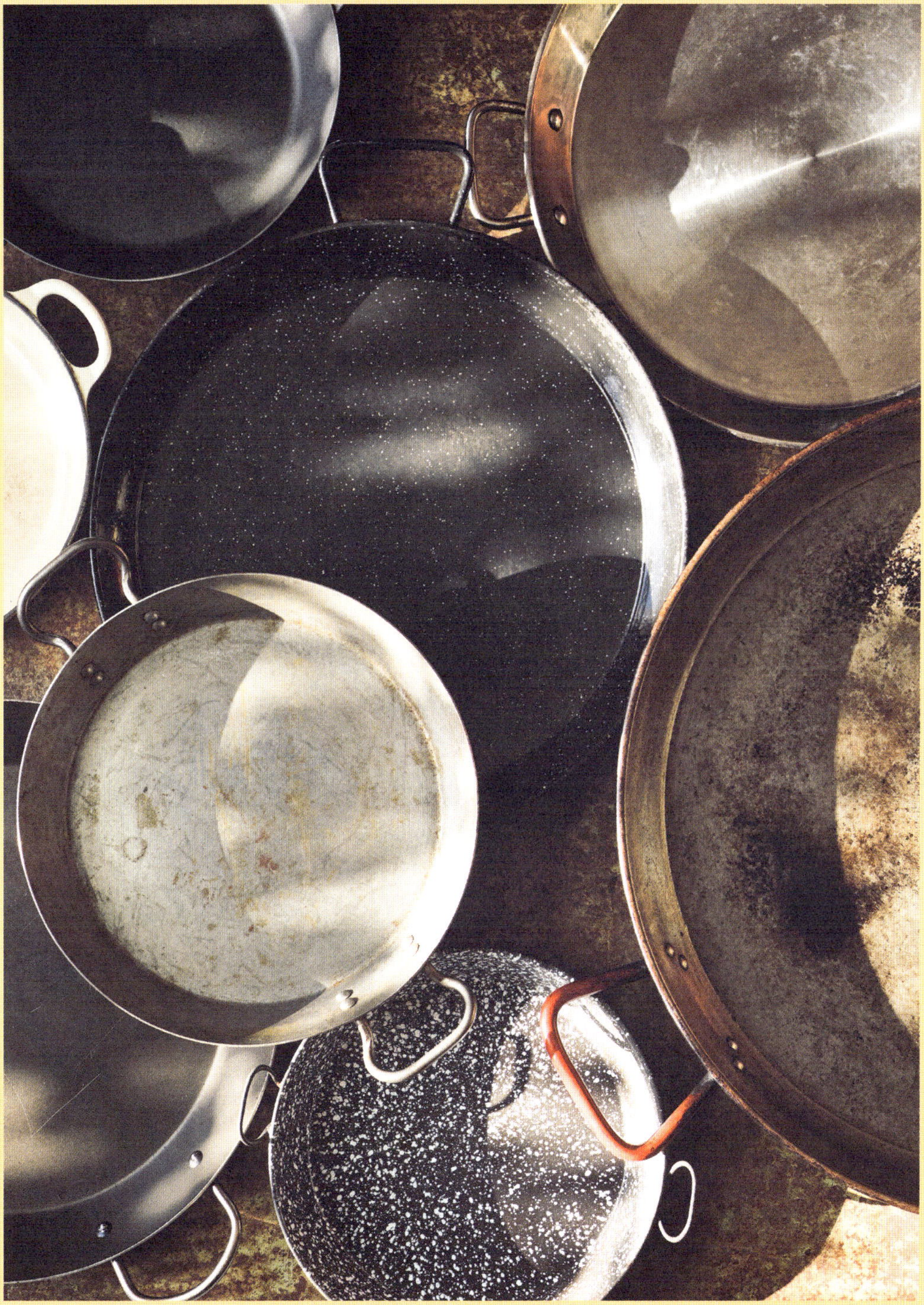

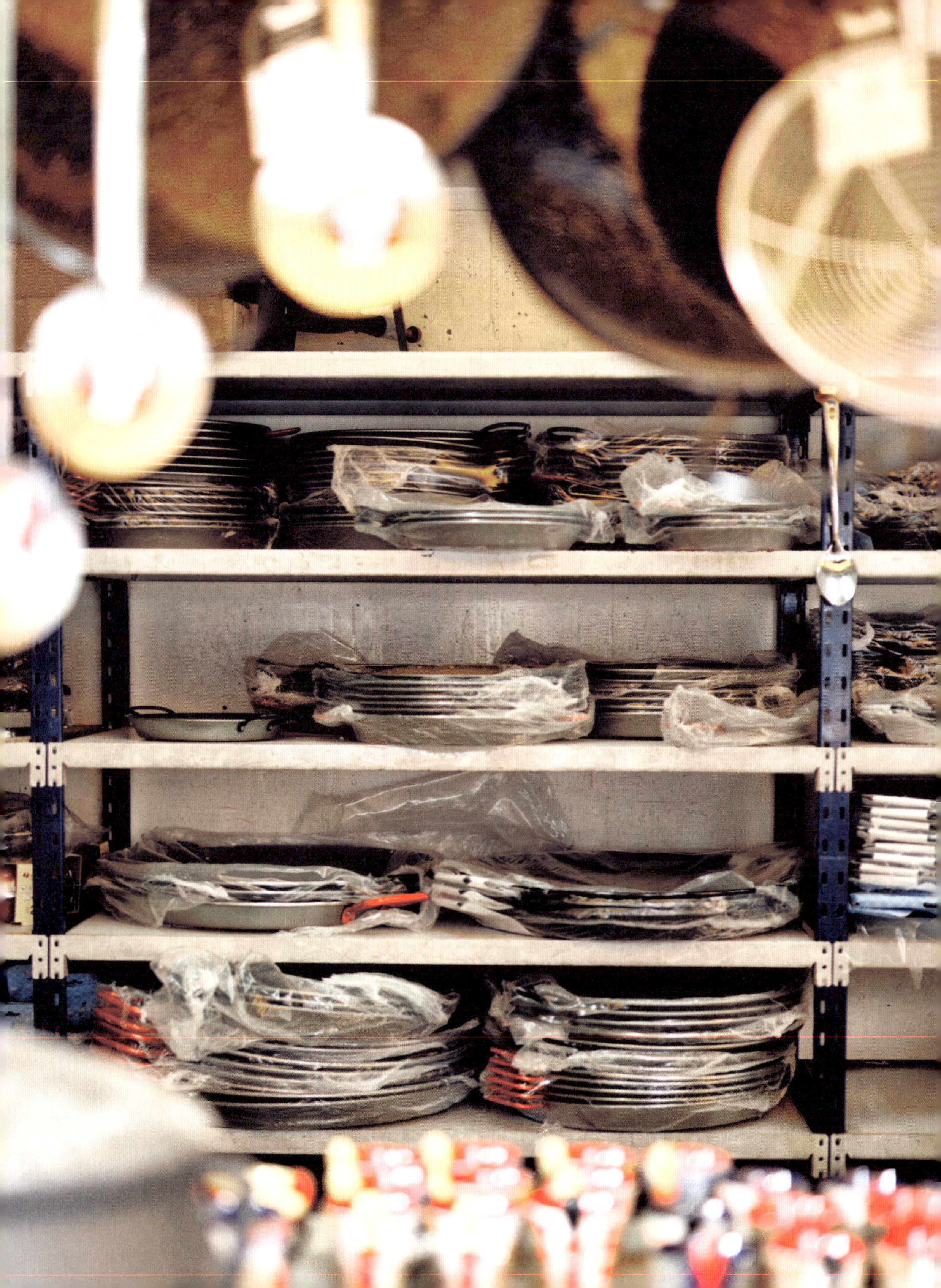

ampliamente disponible y asequible de todos ellos es el de acero al carbono pulido (el mismo material utilizado para fabricar woks). Lo especial de esta paella (por extraño que te suene) es que se oxida y reacciona a determinados ingredientes, lo cual da como resultado una paella de gusto ligeramente metálico que es en gran medida parte del sabor de la paella que todos conocemos y nos encanta. Con el tiempo, la sartén envejece y mejora de forma natural con el uso, creando una pátina que la hace cada vez más antiadherente. El único inconveniente de este tipo de sartén es que requiere cuidado y mantenimiento. Es de suma importancia que la seques completamente después de cada lavado y luego le des una ligera capa de aceite con un poco de papel de cocina para protegerla hasta el próximo uso.

Otros tipos de paellera no precisan mantenimiento y vienen en materiales diferentes: antiadherente, hierro fundido, acero inoxidable pulido, acero inoxidable reforzado, acero esmaltado, hierro fundido esmaltado... Todas son excelentes opciones y prácticamente hacen lo que dicen; el acero esmaltado es ligero y fácil de usar (lo recomiendo para principiantes) y las sartenes reforzadas y de hierro fundido requieren tiempo para calentarse. Otra cosa que tener en cuenta es que las paelleras tradicionales son de superficie ligeramente cóncava, de modo que no se asientan completamente planas, por lo que deberás comprar una plana si la vas a usar en una placa eléctrica o de inducción.

La última opción, la más querida por mí, es la cazuela de barro. Son las que se utilizaban para cocinar paella hace muchas generaciones. Si te suscribes a mi canal de YouTube, verás que me encanta usar una amplia variedad de cazuelas de terracota españolas. Me conectan con las raíces de mi cultura culinaria y las recetas que atesoro. Sin embargo, se trata de las más difíciles de usar, por lo que solo te recomendaría cocinar con una cuando ya te sientas seguro de tus habilidades paelleras.

En cuanto al tamaño de la sartén, siempre recomiendo comprar la más adecuada para el tipo de cocina. En general, lo indicado es usar una sartén que sea 14 cm (5½ in) más ancha en cada lado que el borde exterior del fogón, ya sea la placa de la cocina o un quemador de gas butano en el jardín. Por ejemplo, si tu quemador de anillo es de 12 cm (5 in) de diámetro (un tamaño muy común), entonces la paellera más grande que debes comprar es de 40 cm (16 in) de diámetro.

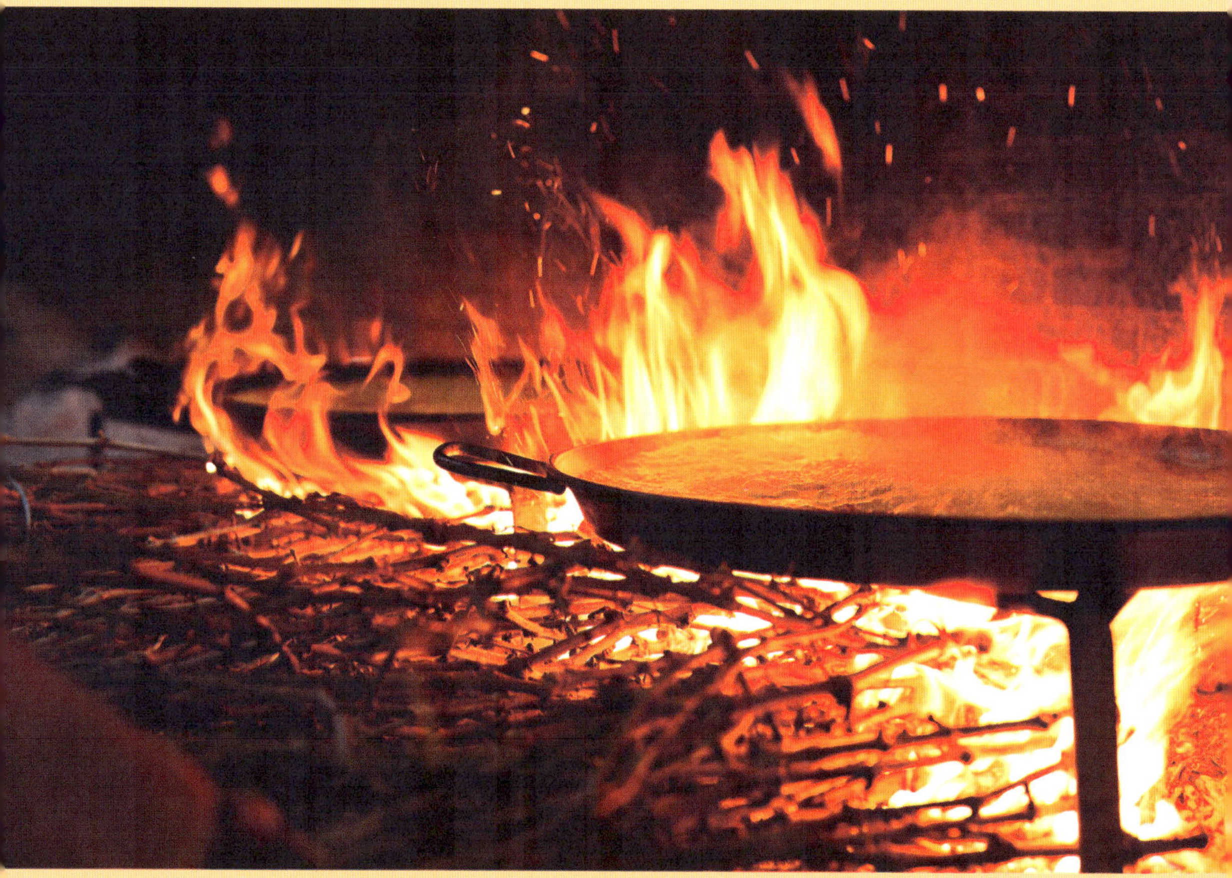

LA FUENTE DE CALOR

FOGÓN DE COCINA

La mayoría de nosotros a diario cocinamos a gas, electricidad o inducción. Aquí es donde es probable que cocines la mayoría de tus paellas, en la comodidad de tu cocina, donde dispones de control total sobre el calor. Puedes hacer paellas fantásticas de esta manera y lo recomiendo cuando comiences.

QUEMADOR

Al hacer paellas más grandes, o cuando desees cocinar fuera, es común usar un quemador de anillo grande sobre un trípode conectado a una botella de gas propano o butano. Es divertido, pero son fuegos más difíciles de controlar, ya que suelen contar con dos, tres o incluso cuatro anillos que distribuyen el calor. También es probable que cocines en una sartén más grande, con más ingredientes para vigilar. Cuando uses un quemador de anillo, recuerda que incluso cuando apagues el anillo interior, continuará llegando el calor del anillo que aún esté encendido y, por lo tanto, el fuego continuará cocinando, aunque sea a un ritmo más lento.

BARBACOA DE CARBÓN

Me encanta cocinar paellas en la barbacoa, tanto que incluso instalé un anillo metálico para pizza (puedes encontrarlos por internet) en la barbacoa. Se supone que este anillo sirve para aguantar una base de piedra para cocer pizza, pero en lugar de colocar la piedra, lo uso para equilibrar mi paellera. También me permite fácil acceso al carbón caliente: mientras que antes debía retirar la paella y la rejilla para ajustar la posición del carbón, ahora accedo al fuego por la abertura del anillo metálico.

Controlar el calor es lo más difícil de cocinar paella en una barbacoa, así que si vas a intentarlo, asegúrate de disponer de fácil acceso al carbón, un accesorio para moverlo, guantes a prueba de calor y un poco de agua a mano en caso de que necesites reducir la temperatura de las brasas rápidamente. También recuerda que siempre puedes levantar la paella del fuego y ponerla en el suelo un momento si las cosas se calientan demasiado, porque lo peor es dejar que los ingredientes se quemen.

El carbón dará un calor muy elevado al comienzo de la cocción, cuando las brasas estén al rojo vivo, que luego se extinguirán a medida que continúes cocinando. Esto no es ideal, ya que se pueden quemar fácilmente los ingredientes cuando se están caramelizando al inicio del proceso, y luego quedarse sin suficiente calor para que hierva el caldo y, por lo tanto, se cocine el arroz. Normalmente, agrego una cantidad generosa de carbón en el centro de la barbacoa (alrededor del 75 por ciento del carbón total que planeo usar) para generar calor directo bajo el centro de la paella. Luego añado el 25 por ciento restante del carbón unos 30 minutos después, directamente sobre el montón previo de carbón. Esto crea un efecto de tapa que limita el calor intenso y permite cierto control cuando se están dorando los ingredientes. Para cuando termines la base y viertas el caldo, el calor adicional del carbón más fresco se activa, y eso favorece una ebullición rápida 10 minutos. Pasado ese tiempo, es posible que debas dispersar un poco el carbón para bajar el calor. Si el fuego sigue siendo demasiado fuerte, simplemente mueve todo el carbón hacia los bordes de la barbacoa en forma de anillo, y deja el centro vacío. El calor de los bordes se transmitirá al centro de la sartén y continuará cocinando la paella, pero a una temperatura más baja (esta configuración se llama «calor indirecto» y es una técnica muy común cuando se cocinan grandes trozos de carne en la barbacoa).

FUEGO DE LEÑA

Sin duda, la forma más tradicional de cocinar una paella, así como la más difícil, es sobre fuego. Valencia es una región famosa por los cítricos y las vides que crecen por todas partes y es muy habitual utilizar la madera de la poda de estos árboles y las ramas de las vides (sarmiento) para alimentar el fuego (véase la foto de la página 40). Se suele colocar un soporte de metal a 30 cm (12 in) del suelo, con un fuego de leña debajo y la paellera posada en la parte superior. Esto hace que el fuego sea más fácil de controlar, puesto que se dispone de un acceso de 360 grados a él y es posible ajustar los troncos según convenga. Al igual que con el carbón, hay similitudes en el patrón del calor, pero la diferencia es que obtendrás un calor mucho más prolongado de los troncos grandes. Debido a ello, algunos valencianos prefieren crear la hoguera 45 minutos antes de la cocción, para dar a la madera ocasión de quemarse un poco y así emitir una fuente de calor más estable. Como cualquier fuego de leña, cuanto más grandes sean los troncos, más prolongado y constante será el calor logrado: cuanto más delgadas sean las ramas o troncos, más inmediato, intenso y de corta duración será el calor. Yo prefiero usar troncos grandes para cocinar la base de la paella y después agregar ramas más delgadas al fuego al verter el caldo para asegurarme unos buenos 10 minutos de fuego intenso. Luego extiendo la madera ardiente bajo la sartén para reducir el calor y lentamente permito que se forme el socarrat. Controlar el calor puede ser una tarea de tiempo completo, así que cerciórate de estar bien preparado y contar con personas disponibles para ayudar a manejar el fuego (y alimentarte con picoteo y bebidas).

HORNO

Existe un plato que requiere una mención especial, y es el Arroz al horno (o Arròs al forn, en valenciano) de la página 63. Es especial porque se cocina al horno; no obstante, casi cualquier paella se puede cocinar en el horno si es necesario y es una técnica muy común, más en restaurantes como el mío, donde no disponemos de un quemador disponible durante 30 minutos por cada paella que se pide. Se sigue cocinando la base de la paella en los fogones, pero una vez hecho esto, se puede añadir el arroz y el caldo y meterla en el horno caliente. Si cocinas la paella de esta manera, conviene que recuerdes lo siguiente: hay que usar menos caldo, ya que se absorbe a un ritmo más lento; y nunca se formará un socarrat, sino que se creará una corteza delgada en la parte superior, debido al calor seco del horno, especialmente si es asistido por ventilador. El método del horno es extremadamente útil si cocinas paella para muchas personas en casa sin ningún equipo especializado, como una paellera de 90 cm (35 in) de ancho, quemadores de anillo, etc. En este caso, cocina simplemente los ingredientes base en una olla grande, repártelos entre unas cuantas fuentes de horno junto con el arroz y el caldo, luego hornéalo 20 minutos a fuego alto. Puedes lograr resultados fantásticos con este práctico método cuando se den tales circunstancias.

LOS CUATRO PILARES BÁSICOS PARA UNA PAELLA DE PRIMERA

LA BASE

En primer lugar, al hacer una paella, fríe los ingredientes principales en el orden correcto para una buena caramelización, que a su vez dará el mayor sabor a la paella. Es simple: cuanto más color logres en tus ingredientes, más intensidad de sabor tendrán. Todo esto sucede antes de que se agreguen los ingredientes húmedos, como el tomate rallado (o salmorreta, véase la página 164) y el agua o el caldo. La caramelización de los ingredientes principales se disolverá en el líquido, creando un rico caldo que finalmente será absorbido por el arroz. Por lo tanto, es importante que frías los ingredientes principales de manera correcta. Comienza agregando los más grandes, más duros o de corte grueso a la sartén, dándoles tiempo para freírse y ganar color antes de agregar ingredientes más delicados o en rodajas finas. Una vez que los ingredientes principales se hayan caramelizado bien, el ajo y el pimentón se agregan en rápida sucesión y se fríen solo durante unos segundos para evitar que se quemen y se vuelvan amargos. El tomate rallado (o salmorreta) se agrega a la sartén para detener bruscamente la caramelización y comenzar el proceso de desglasado de la sartén. Piensa en los tomates como tu red de seguridad antes de agregar el agua o caldo y finalmente el arroz.

EL CALDO

En los buenos restaurantes, la comida sabe sustancialmente mejor, en su mayor parte, porque usamos caldos caseros en una variedad de platos. Sé que elaborar caldo en casa es un concepto extraño para muchos cocineros domésticos: a menudo no hay tiempo para crear nuestros propios caldos y necesitamos alternativas prácticas que nos permitan preparar las comidas rápido. Pero te prometo que hacer tu propio caldo vale la pena: tus paellas serán las mejores. Cocinar es como todo en la vida: lo que obtienes a cambio se reduce a lo que has invertido. Cuanto mejores sean los ingredientes que uses para el caldo, más distintivo y fragante sabrá. Cuanto más generoso seas con los ingredientes del caldo, más rico y con cuerpo será el sabor. ¡Así de simple!

Al elaborar caldo, existe un tiempo óptimo para dejar hervir a fuego lento los ingredientes; por favor, no los hiervas a fuego lento durante horas con la creencia errónea de que el caldo se volverá más delicioso. Los sabores se concentrarán, pero el caldo también se volverá turbio, y el sabor, un poco amargo. Merece especial atención el delicado caldo de pescado, que puede volverse amargo y desarrollar un aroma como a orina, algo que hay que evitar a toda costa.

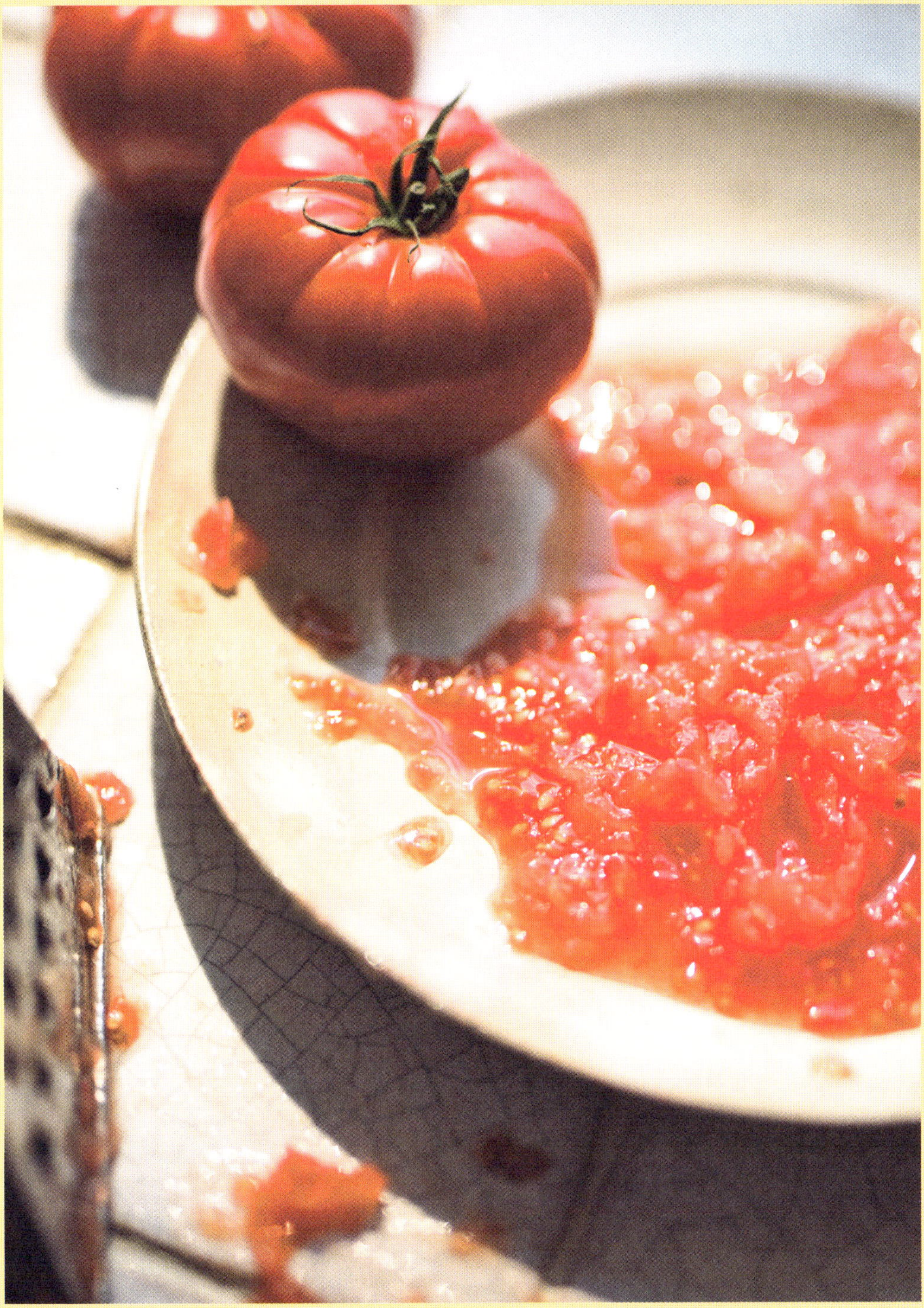

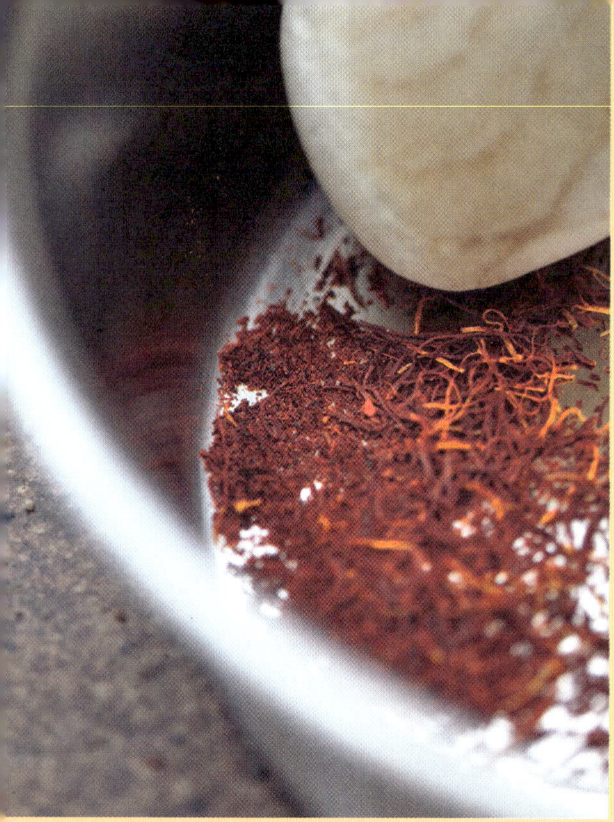
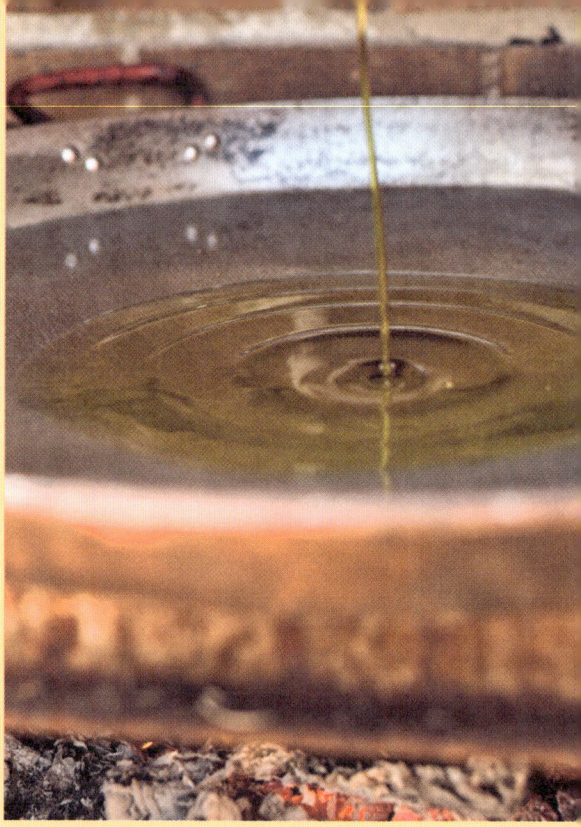
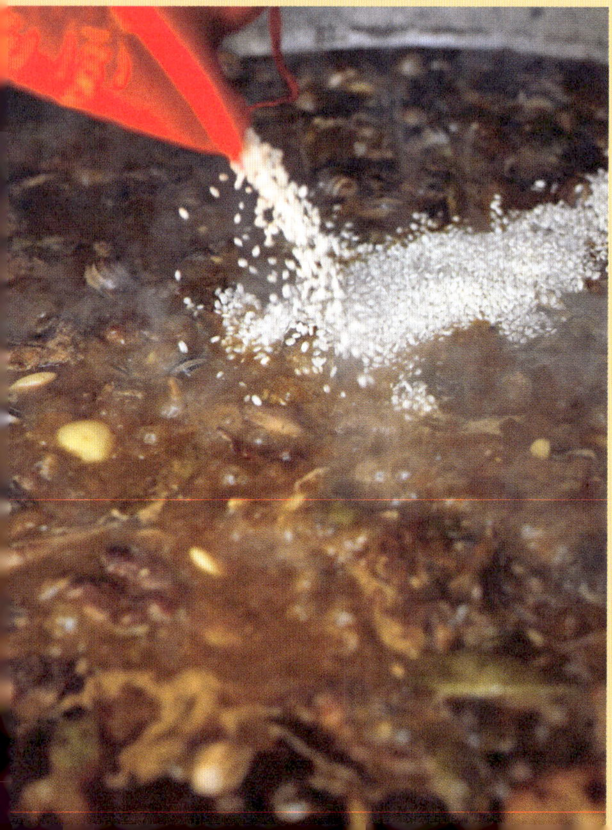
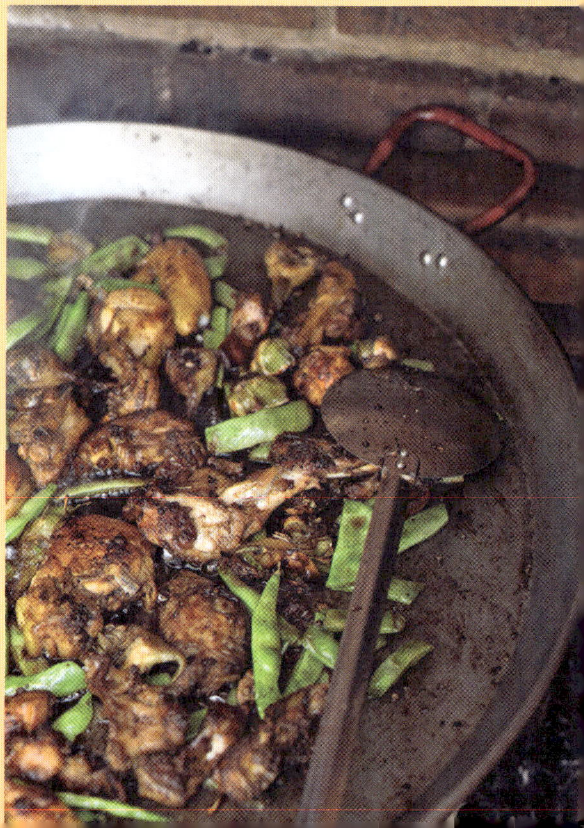

Si pretendes concentrar realmente el sabor del caldo, sigue las recetas que propongo en este libro, cuela el resultado y luego reduce lentamente el caldo a la mitad a fuego lento.

Si no tienes tiempo o no te queda caldo en el congelador, deberás recurrir a caldos comerciales. Yo lo hago muchas veces y no hay que avergonzarse por usarlos. Hay tantas variedades de caldos preparados (frescos, en tetrabrik, en polvo, pasta, cubitos), de tantas marcas diferentes, que es difícil saber cuál elegir. Tras experimentar mucho, descubrí que, cuanto más caro sea el caldo, mejor será la calidad, así que compra el mejor que te puedas permitir.

Una nota más sobre caldos: es fundamental para la perfección de la paella comprender la importancia del colágeno. El colágeno es la proteína más abundante en los animales y de extrema importancia para nuestra nutrición y salud general. Es el pegamento que mantiene unidos los cuerpos de los animales (incluidos nosotros), desde los tendones, órganos y ligamentos, hasta la piel, el cabello y las articulaciones. Cuando cocinas a fuego lento la carne en agua para elaborar caldo, el colágeno se libera en el agua. Si reduces el caldo hasta que quede muy poco, como para la salsa española, observarás que espesa. Si lo frotas entre las yemas de los dedos, lo notarás algo pegajoso: es por el colágeno. El uso de un caldo rico en colágeno en la paella asegura que cada ingrediente quede cubierto con una fina película de delicioso sabor a medida que el arroz absorbe el caldo.

¿Cuánto caldo necesito?

Esta es posiblemente la parte más complicada de cocinar una paella por primera vez, ya que es difícil de calcular. Por desgracia, la respuesta es bastante vaga, ya que intervienen muchos factores y variables, como la intensidad del calor, el tiempo, la cantidad de arroz, el tamaño de la sartén, la altitud (cocinar al nivel del mar no es lo mismo que cocinar en los Alpes), la temperatura exterior, la variedad de arroz que se utilice...

Como cabe imaginar, dominar la paella, teniendo en cuenta todas las variables mencionadas, requiere bastante práctica. En términos generales, si cocinas una paella en la cocina de tu casa, usando un arroz de paella español de supermercado y no llenas demasiado la paellera, necesitarás aproximadamente una cantidad de caldo (en volumen) igual a tres veces el peso de arroz. Por ejemplo, para 300 g (1½ tazas) de arroz, usarás 900 ml (3¾ tazas) de caldo. Cuanto menos arroz añadas, más absorberá el líquido y más sabor tendrá la paella, ya que el caldo se concentrará mucho. Cuanto mayor sea el calor, más caldo necesitarás. Así que, de nuevo, en términos prácticos, si cocinas una pequeña cantidad de arroz en una paellera ancha con troncos y ramas que producen el calor más alto imaginable, entonces la proporción de arroz a caldo puede ser de una a nueve, es decir, para 300 g (1½ tazas) de arroz necesitarías 2,7 litros (11 tazas) de caldo. De modo similar, ocurre lo contrario si usas una paella pequeña con mucho arroz e ingredientes y la cocinas en un fogón pequeño en casa; ya será un éxito si absorbe una medida y media de caldo, así que para 300 g (1½ tazas) de arroz necesitas 450 ml (2 tazas) de caldo. Como ves, no es una ciencia exacta y se precisa práctica para calcular a simple vista las necesidades en cada circunstancia. Mi consejo es que anotes en la página 170 lo que te funciona mejor en casa y luego trabajes desde allí. Toma nota de cuánto arroz agregaste, cuánto caldo, cuánto tiempo lo cocinaste y sobre qué nivel de calor, y luego añade un comentario sobre el resultado, y cuando vuelvas a cocinar otra paella, usa tus notas como guía y adáptalas en consecuencia. Puede haber quedado demasiado húmeda o tal vez se quedó sin caldo y el arroz estaba demasiado al dente para tu gusto; tal vez fuera demasiado salado. Sea lo que sea, encontrarás tus notas muy útiles la próxima vez.

LA COCCIÓN DEL ARROZ

He hablado largo y tendido sobre el arroz en la página 27, pero aquí quiero comentar su proceso de cocción. El arroz de paella se puede cocinar de dos maneras diferentes, ambas igual de tradicionales, pero que ofrecerán resultados algo distintos, en particular, de textura.

Se puede agregar el arroz después de cocinar la base, freírlo en el aceite durante 2 minutos y remover constantemente para que el aceite impregne el arroz y lo endurezca ligeramente y adquiera un aspecto perlado antes de añadir el caldo.

Este proceso protegerá cada grano de arroz, manteniéndolos intactos incluso después de que todo el caldo haya sido absorbido. La textura será más suelta y esponjosa, con un poco más de sabor en el exterior del grano que en el interior.

La otra forma de cocinar el arroz es verter el caldo después de cocinar la base, que empiece a hervir a fuego lento y luego agregar el arroz. Este es el método para la paella valenciana de la página 52, pero se puede aplicar a todas las paellas de este libro.

Al cocinar arroz de paella, en general se tardan alrededor de 16-18 minutos para que el caldo se absorba y evapore gradualmente. Hay una etapa durante el proceso de cocción en la que el caldo y el arroz se nivelan (después de unos 10-11 minutos) y a partir de ese momento, parte del arroz queda expuesto, sin líquido, a medida que el nivel de caldo disminuye. El arroz de paella es delicado y difícil de manejar, ya que se pasa fácilmente; por esta razón, cuanto más profundo y estrecho sea el recipiente de cocción (y, por lo tanto, más gruesa sea la capa de arroz), más tiempo tardará el nivel de caldo en llegar al fondo y, por lo tanto, más tiempo estarán expuestas las capas superiores de arroz, y estará poco cocido en la parte superior y demasiado hecho abajo.

Estarás pensando: ¿por qué no lo revuelves como harías al cocinar cualquier otro plato de arroz? Si lo haces, favoreces que el arroz suelte su almidón y te quedará una paella pesada con granos de arroz formando grumos y pegados entre sí. Por este motivo las paelleras (y el plato en sí) deben ser planas: cuanto más delgada sea la capa de arroz, mejor, y eso solo se logra con una sartén ancha y poco profunda. Lo sé, la idea de no remover el arroz parece poco convincente, pero confía en el método y controla el calor: tu paciencia valdrá la pena.

Para platos de arroz suaves y caldosos, suelo añadir 60-80 g (2-2¾ oz) de arroz por persona. Para las paellas «secas», normalmente 90-110 g (3-3¼ oz) de arroz por persona, dependiendo de la cantidad de carne, pescado o verduras que incluya en la receta (cuantos más ingredientes, menos arroz).

Solución de problemas: Si notas que el caldo se está evaporando demasiado rápido, baja el fuego o incluso cubre el arroz con una tapa para que se cocine al vapor. Si, por el contrario, agregaste demasiado caldo, lo más fácil sería eliminar parte del líquido con la ayuda de un cucharón tan pronto como seas consciente del exceso. O bien mantén la paella a fuego alto más tiempo que los 10 minutos originales para darle al caldo ocasión de evaporarse a un ritmo más rápido de lo normal, pero asegúrate de no cocer el arroz más tiempo del que debería en total. ¡La otra solución es simplemente aceptar que tu paella quede caldosa!

EL SOCARRAT

Venerado por la mayoría, odiado por unos pocos, el socarrat es enigmático. Cuando queda bien, esta fina capa de arroz frito crujiente en el fondo de la paella es una delicia (en mi opinión), pero como muchas cosas en la vida, conseguirlo no siempre es tarea fácil.

Un socarrat es evidencia de una paella perfectamente ejecutada de principio a fin, utilizando un caldo rico, buenos ingredientes y un poco de lo que los franceses llamarían *savoir-faire*. Para crear un socarrat perfecto (y me refiero a «crear», no solo se trata de quemar el fondo de la paella), debes ser generoso con el aceite de oliva (no cometas el error de no usar suficiente para que sea «más saludable»). También debes usar un caldo que se haya formado a través de una cocción a fuego lento con abundancia de ingredientes para que sea rico en sabor, textura y con una gran dosis de colágeno aglutinante. Y necesitas que el arroz libere la cantidad justa de almidón, lo cual lograrás al no removerlo: la única forma de conseguir un socarrat es dejar tranquila la paella para que se forme una costra.

Solución de problemas: Dicho todo esto, una de las principales dificultades para cocinar una paella perfecta es juzgar si el socarrat se ha formado o no. Dado que se forma debajo del arroz, debes recurrir a herramientas no visuales para saber si está hecho. El socarrat te hablará a medida que se forma, así que escucha con atención: cuando el sonido hirviente del líquido se detenga, debe sustituirlo el sonido del aceite restante friendo el arroz en el fondo de la sartén. Una vez que esta fritura suene «crujiente», el socarrat debería estar casi listo. Y no olvides usar el sentido del olfato: debe oler rico y caramelizado, no quemado. Harán falta varios intentos para lograr un socarrat perfecto, pero no hay nada tan satisfactorio como dominarlo.

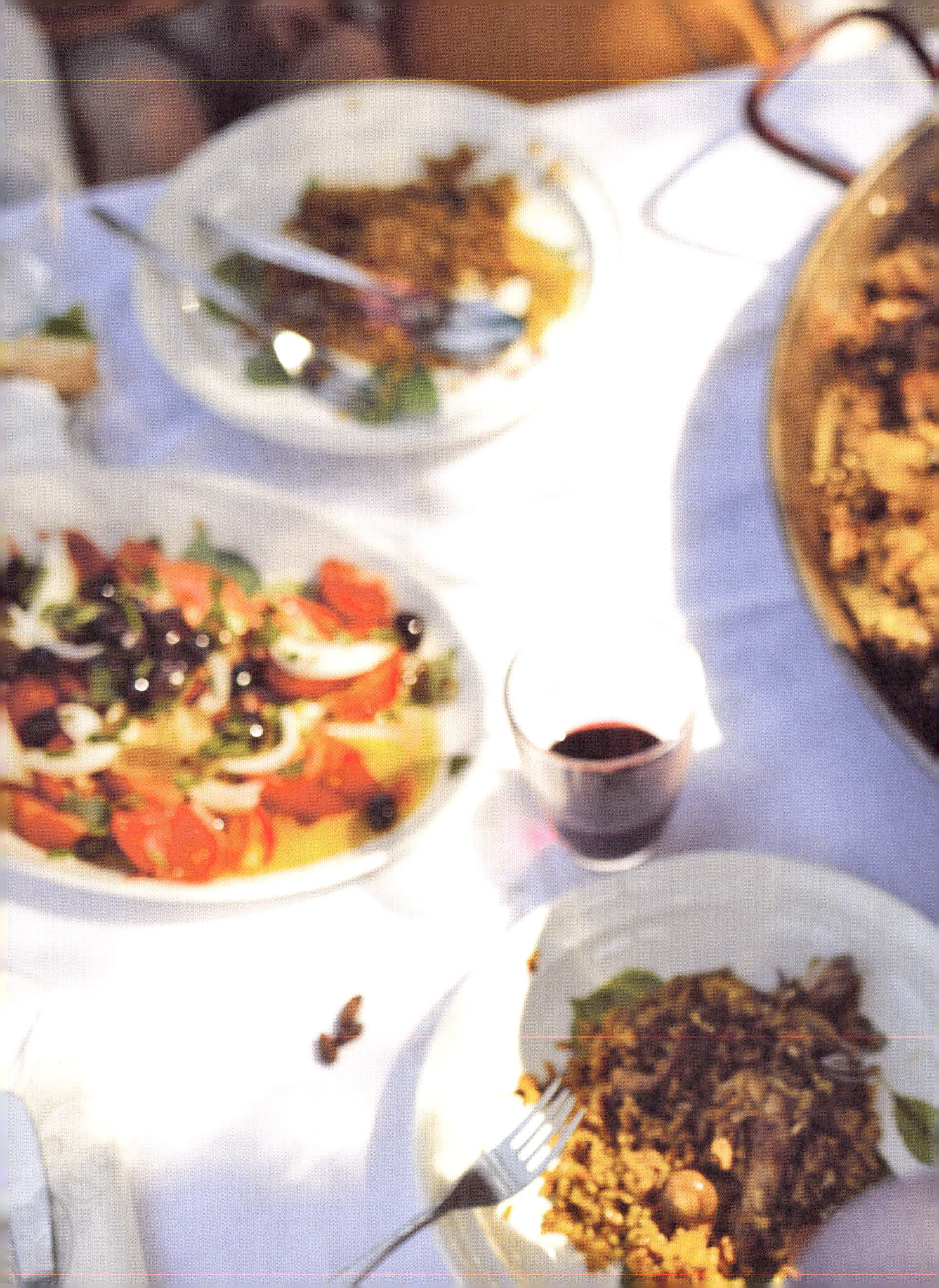

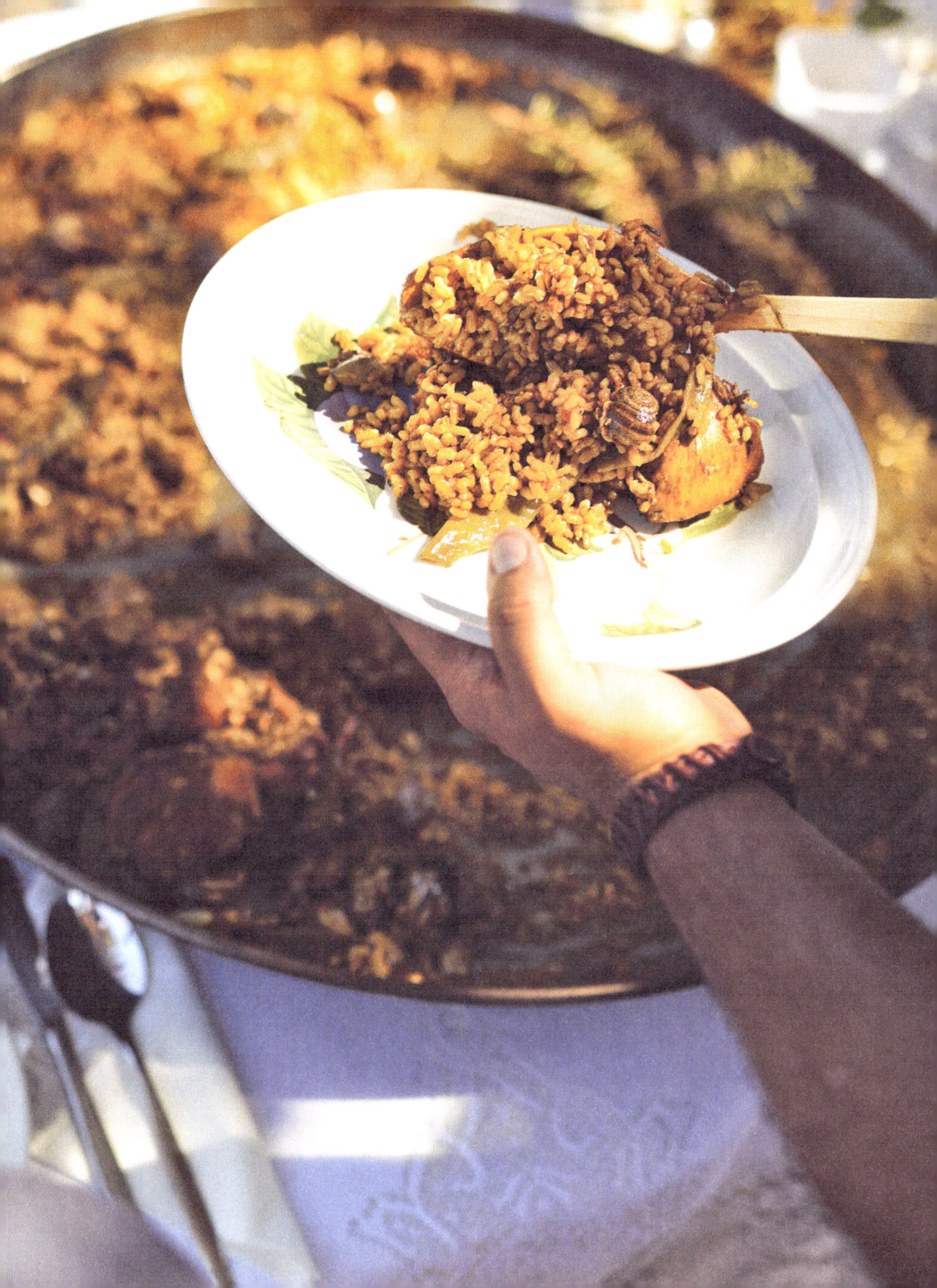

PAELLA VALENCIANA
(LA ORIGINAL Y LA MEJOR)

5 RACIONES   **PREPARACIÓN 20 MIN**   **COCCIÓN 1 H 10 MIN**

Este famoso plato español reúne a amigos y familiares. Si el clima lo permite (cosa que ocurre en casa la mayor parte del tiempo), lo cocinamos en fuego de leña. Esta receta de paella es intocable: la paella valenciana está regulada bajo estrictas pautas y la mirada vigilante de la mayoría de valencianos. Solo se permiten variaciones pequeñas con un sello de aprobación. Si sigues la receta con cuidado, ten la seguridad de que disfrutarás de la mejor de todas las paellas, te lo garantizo. ¡Buen provecho!

0,5 g de azafrán (véase la guía de medidas de la p. 33), con preferencia, de La Mancha
1 cucharada sal de mina, para aderezar la paellera
120 ml (½ taza) de aceite de oliva
400 g (14 oz) de pollo con hueso, en trozos grandes
400 g (14 oz) de conejo con hueso, en trozos grandes
6 dientes de ajo, picados finos
1 cucharada de pimentón dulce (no ahumado)
2 tomates pequeños, rallados
4 litros (16 tazas) de agua
100 g (3½ oz) de garrofones cocidos
200 g (7 oz) de judías verdes, en trozos de 4 cm (1½ in), preferiblemente variedad ferraura o tabella
500 g (2½ tazas) de arroz para paella
2 ramitas de romero
Sal y pimienta, al gusto

Envuelve el azafrán en papel de aluminio y tuéstalo durante 30 segundos por cada lado en la paellera a fuego medio, o sobre una llama. Retira el papel y usa un mortero para molerlo hasta convertirlo en polvo; resérvalo.

Coloca la paellera de nuevo a fuego fuerte y sazona por los bordes con la sal. Vierte el aceite de oliva, agrega los trozos de pollo con la piel hacia abajo y fríelos 10 minutos. Añade el conejo y continúa friendo por todos lados 10 minutos, dándole la vuelta de vez en cuando, hasta que esté dorado. Tómate tu tiempo, ya que el sabor que dará la carne a la paella ahora es el que sazonará el agua que añadirás y creará un rico caldo.

Baja el fuego a medio. Empuja la carne hacia los bordes de la sartén para liberar algo de espacio, dejando que el aceite corra hacia el centro. Añade el ajo y cocínalo 30 segundos, luego agrega el pimentón y los tomates rallados. Sofríe 4 minutos mientras remueves, hasta que el tomate haya perdido la mayor parte de su jugo y haya formado una pasta que comience a separarse del aceite.

Vierte el agua, espolvorea por encima el azafrán molido, agrega los garrofones (y los caracoles si usas) y déjalo hervir a fuego lento unos 20 minutos. Los restos caramelizados pegados en la base de la paella se disolverán para formar un rico caldo. Añade las judías verdes (y el pimiento rojo y las alcachofas si usas) y déjalas hervir a fuego lento otros 5 minutos. Prueba el líquido; el arroz absorberá mucha salinidad, por lo que ahora debe saber demasiado salado.

Sube el fuego y vierte el arroz, extendiéndolo uniformemente por toda la paellera. Cocínalo 10 minutos, baja el fuego y cuece 5-7 minutos más, sin remover. Cuando el nivel de líquido haya reducido justo por debajo del arroz, añade el romero sobre la paella. Cocina unos minutos más, y luego déjalo reposar apartado del fuego 5 minutos antes de servir.

NOTAS SI COCINAS ESTA RECETA FUERA DE VALENCIA

Dos cosas fundamentales deben tenerse en cuenta al cocinar esta sencilla receta fuera de Valencia. La primera es que es poco probable que encuentres todos los ingredientes, por eso ofrezco algunas alternativas. La segunda es que los ingredientes de la región de Valencia son insuperables; el sol durante todo el año y los ricos suelos ofrecen sabores fuertes que elevan nuestros productos. Si sigues esta receta exactamente pero usas ingredientes de baja calidad, es probable que te decepcione un poco el resultado final. Tu paella probablemente carecerá de sabor y riqueza. Para resolver esto, recomiendo usar un caldo de pollo ligero en lugar de agua, cosa que agregará riqueza y compensará las deficiencias de los otros ingredientes.

INGREDIENTES O VARIACIONES OPCIONALES
150 g (5 oz) de caracoles cocidos, escurridos
5 alcachofas mini (enlatadas si no encuentras frescas), partidas por la mitad o en cuartos, según el tamaño
1 pimiento rojo, sin semillas y cortado en tiras
Usa alubias blancas cocidas en lugar de garrofones
Usa pato en lugar de pollo
Usa costilla de cerdo en lugar de conejo
Usa un caldo ligero de pollo en lugar de agua

ARROCES DE CARNE

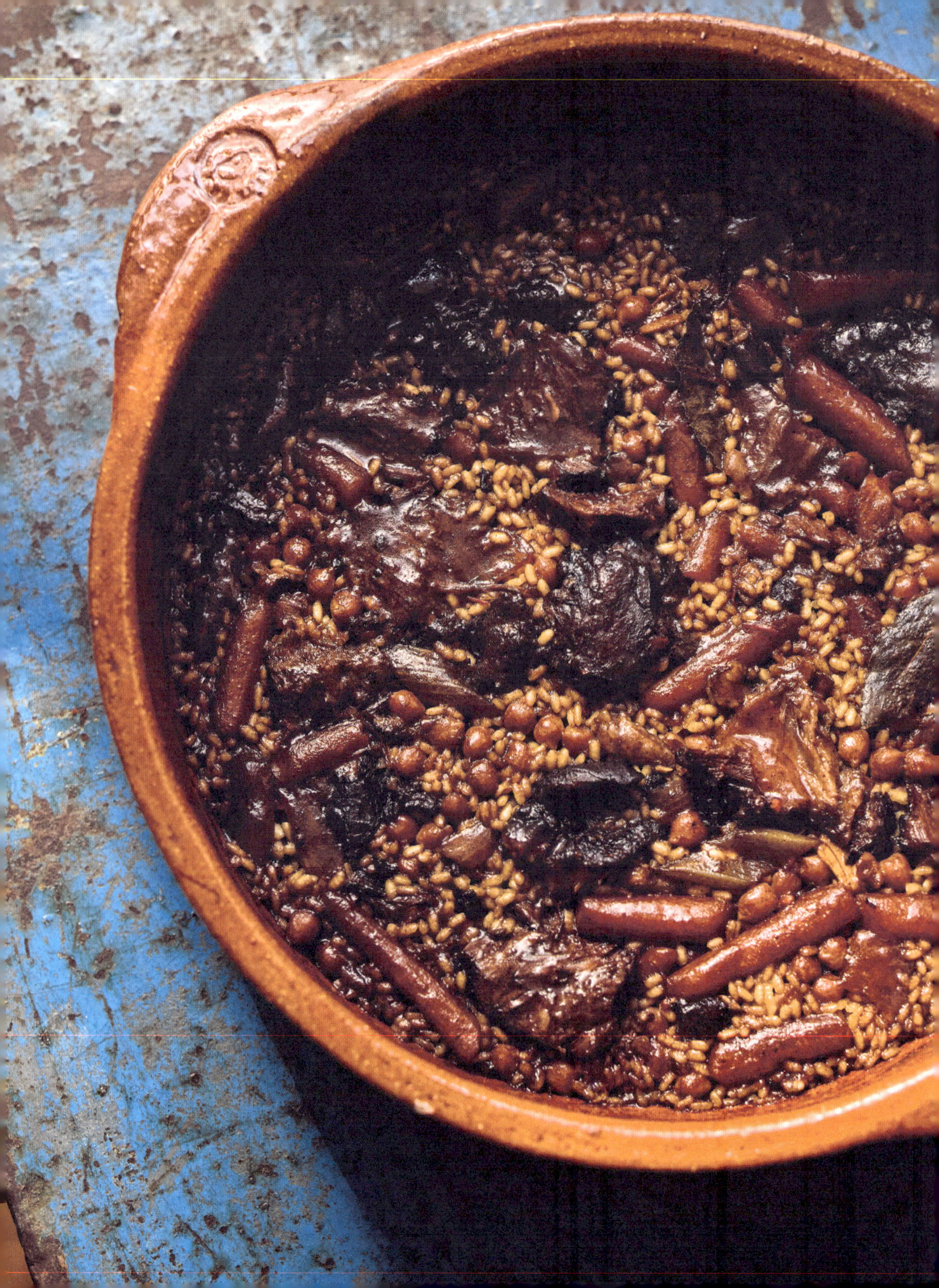

ARROZ DE CARRILLERAS

4 RACIONES   **PREPARACIÓN 20 MIN**   **COCCIÓN 3½ H**

Las carrilleras de ternera o cerdo son un corte sublime: cuando se cocinan de forma adecuada se deshacen de tiernas. Requieren una cocción larga y lenta, pero prometo que vale la pena esperar.

100 ml (½ taza escasa) de aceite de oliva
800 g (1 lb 12 oz) de carrilleras de ternera
3 zanahorias, en bastoncitos
1 cebolla mediana, troceada
1 rama de apio, picada fina
6 dientes de ajo, troceados
2 tomates, troceados
2 hojas de laurel
¼ de ramita de canela
2 clavos
1 cucharadita de pimentón dulce ahumado
5 granos de pimienta negra
175 ml (¾ de taza) de vino tinto
3 litros (12 tazas) de agua
100 g (½ taza) de garbanzos, remojados en agua 24 horas
400 g (2 tazas) de arroz para paella
Sal, al gusto

Calienta el aceite en una sartén ancha a fuego medio. Sazona las carrilleras de ternera con sal y fríelas 5 minutos por cada lado. Añade la zanahoria, la cebolla, el apio y el ajo y fríelo todo 10 minutos hasta que quede bien dorado. Agrega los tomates y deja reducir 3 minutos, removiendo para desglasar el fondo de la sartén.

Agrega las hojas de laurel, la canela, el clavo, el pimentón y la pimienta negra, luego añade el vino y deja que reduzca 1 minuto. Vierte el agua, baja el fuego y añade los garbanzos. Déjalos hervir a fuego lento 3 horas hasta que tanto los garbanzos como las carrilleras se noten blandos al tacto.

Añade el arroz y revuelve bien, distribuyéndolo uniformemente, luego prueba el líquido y rectifica de condimento si es necesario. Cocina a fuego alto los primeros 10 minutos, luego reduce a medio y cuece otros 9 minutos, sin remover. Deja reposar el arroz apartado del fuego 5 minutos antes de comer.

ARROZ DE MATANZA

4 RACIONES **PREPARACIÓN 30 MIN** **COCCIÓN 2 H**

Este es un plato basado en una receta de antaño, cuando nadie tenía frigorífico y había que usar todo el animal cada vez que se sacrificaba uno. Cualquier corte de carne de cerdo se puede usar en la paella, tal como se hacía entonces.

100 ml (½ taza escasa) de aceite de oliva
150 g (5 oz) de panceta, en lonchas
150 g (5 oz) de choricitos
150 g (5 oz) de beicon
3 chalotes, en cuartos
6 dientes de ajo, picados finos
1 cucharadita de pimentón dulce ahumado
1 tomate, rallado
1 hoja de laurel
0,4 g de azafrán (véase la guía de medidas de la p. 33)
2 ramitas de tomillo
3 litros (12 tazas) de agua
400 g (2 tazas) de arroz para paella
Sal, al gusto

Coloca una paellera a fuego alto, añade el aceite de oliva y fríe todas las carnes y los chalotes 10 minutos.

Añade el ajo, seguido del pimentón y el tomate rallado, y cocínalo unos 2 minutos hasta que el aceite comience a separarse de la pasta de tomate. Agrega la hoja de laurel, el azafrán y el tomillo, vierte el agua y cocina a fuego lento 1 hora.

Prueba y ajusta de condimento si es necesario. Añade el arroz y remueve para distribuirlo uniformemente. Cocina a fuego alto los primeros 10 minutos, luego baja el fuego a media potencia y cocina otros 9 minutos, sin remover. Deja reposar apartado del fuego 5 minutos antes de comer.

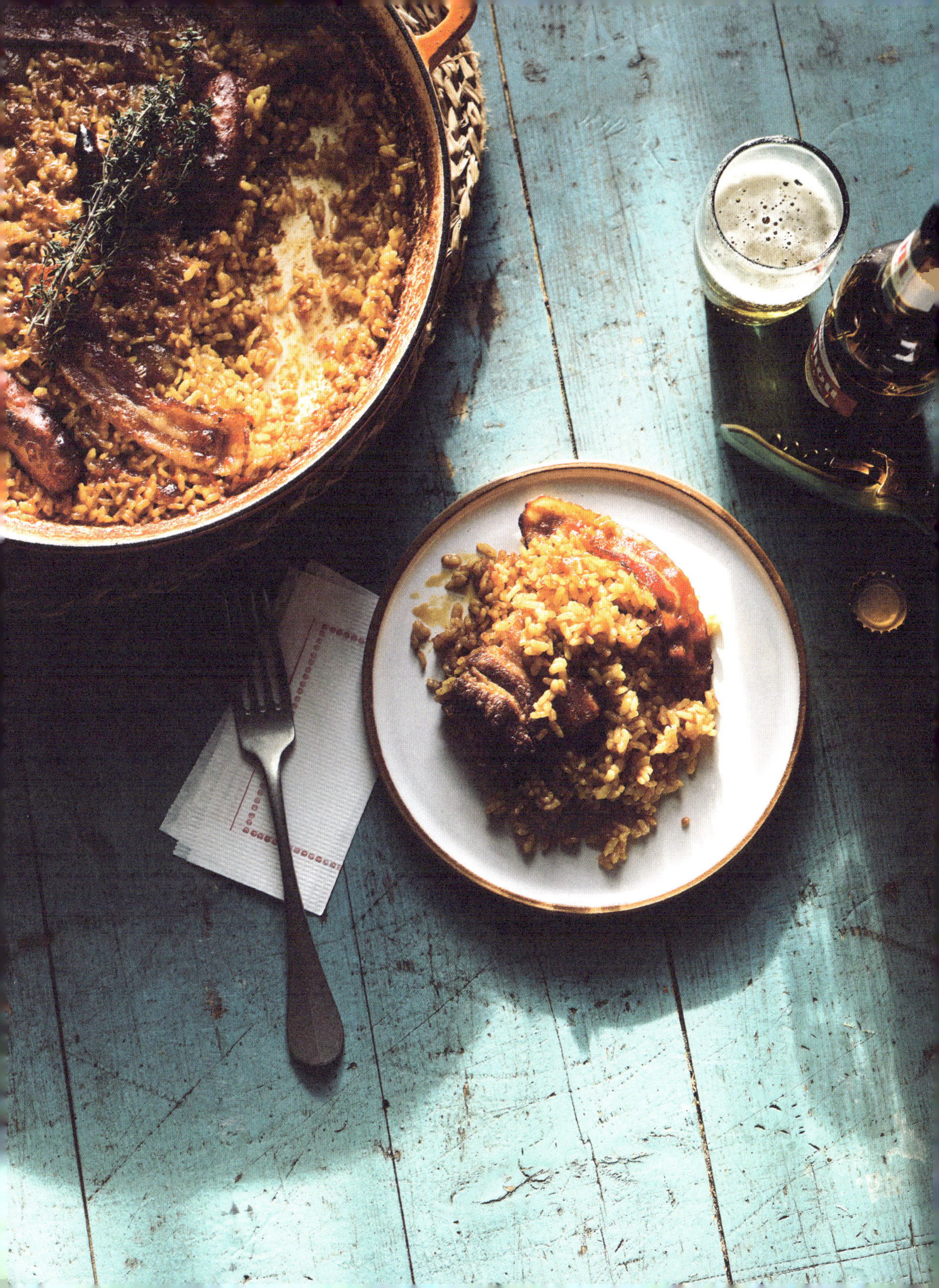

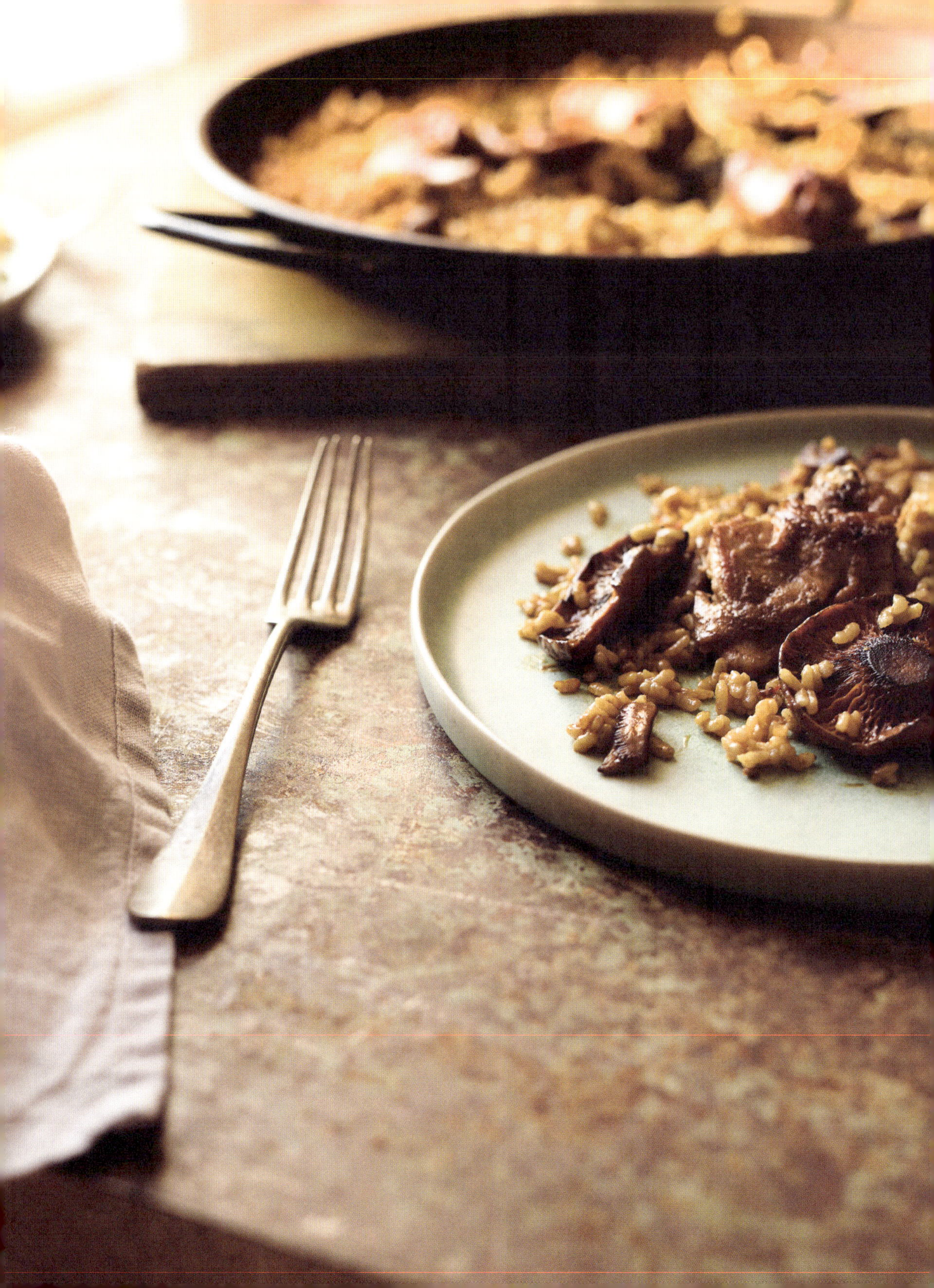

ARROZ A LA AMPURDANESA

4 RACIONES   PREPARACIÓN 15 MIN   COCCIÓN 1 H 10 MIN

Cuando tenía 14 años, me apunté a un curso nocturno de cocina tradicional española. Fue mi primera experiencia real de una cocina profesional y aprendí muchas cosas: esta receta es una de ellas. Debo decir que lo clavé en aquel momento; el profesor lo elogió y se me ha quedado grabado en la cabeza desde entonces. Se trata de una receta catalana, por lo que es ligeramente diferente: contiene más carne y se cocina en manteca de cerdo, lo que la hace aún más rica. ¡Cocínala en una olla de barro y serás mi héroe!

120 g (4 oz) de manteca de cerdo
4 dientes de ajo, pelados
50 g (2 oz) de almendras peladas
0,2 g de azafrán (véase la guía de medidas de la p. 33)
300 g (10 oz) de salchichas de cerdo gruesas
500 g (1 lb 2 oz) de conejo, en trozos grandes
200 g (7 oz) de níscalos u otras setas silvestres
1 cebolla amarilla, troceada
1 cucharadita de pimentón dulce ahumado
2 litros (8 tazas) de agua
400 g (2 tazas) de arroz para paella
Sal, al gusto

Coloca una cazuela grande de barro a fuego medio, añade la manteca de cerdo y el ajo y fríelo 3 minutos. Añade las almendras y fríe otros 3 minutos, o hasta que estén doradas. Retira el ajo y las almendras de la cazuela con una espumadera, luego machácalo todo en un mortero junto con el azafrán hasta obtener una pasta (picada). Reserva.

Agrega las salchichas, el conejo y las setas a la cazuela y fríelos 8 minutos hasta que se doren. Añade la cebolla y sofríela 5 minutos hasta que esté dorada. Espolvorea con el pimentón, luego vierte el agua y la pasta de picada. Lleva a ebullición suave, luego reduce el fuego y deja que hierva a fuego lento 30 minutos.

Añade el arroz y remueve bien para distribuirlo uniformemente, luego prueba y ajusta de condimento si es necesario. Cocina a fuego alto los primeros 10 minutos, luego baja el fuego a media potencia y cocina otros 9 minutos, sin remover. Deja reposar apartado del fuego 5 minutos antes de comer.

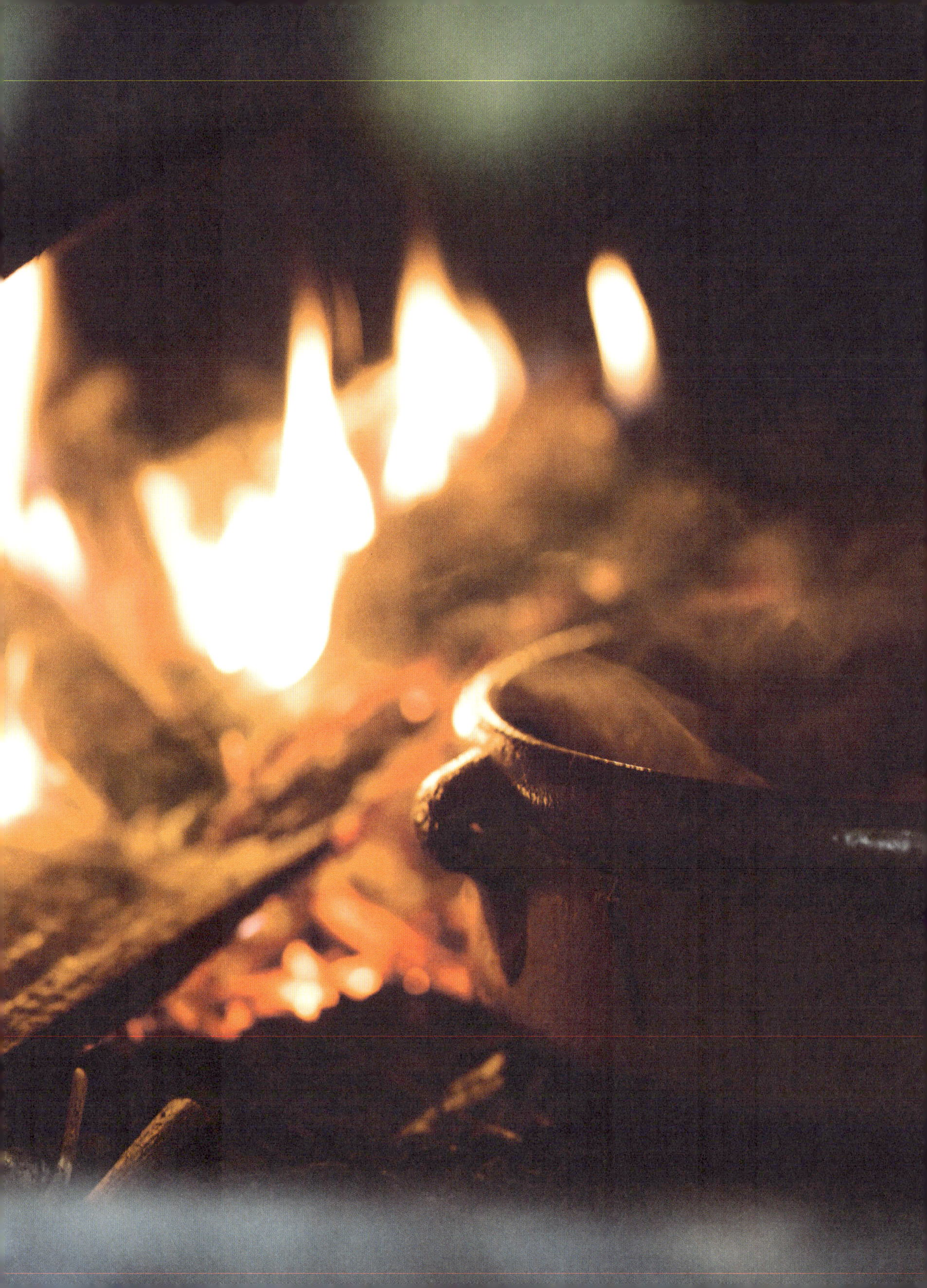

ARROZ AL HORNO

4 RACIONES   **PREPARACIÓN 30 MIN, MÁS REMOJO**   **COCCIÓN 2 H 45 MIN / 30 MIN**

Este es posiblemente el plato de arroz más consumido en la región de Valencia (no es la paella valenciana, al contrario de lo que cabría esperar). En toda España, somos adictos al tradicional y reconfortante cocido. Cada región lo hace un poco diferente, pero en esencia es lo mismo. Este plato se cocina en una olla muy grande y el resultado siempre son sobras que se convierten en diferentes platos o tapas dependiendo de la región: pringá en Andalucía, croquetas en Madrid, canelones en Cataluña… y arroz al horno en Valencia. Es de sabor excepcional, y como no hay atajos para conseguir un arroz al horno realmente bueno, me veo obligado a dar la receta del que será pronto nuestro mundialmente famoso cocido español. ¡Espero que lo disfrutes!

INGREDIENTES DEL COCIDO
500 g (3 tazas) de garbanzos, remojados en agua 24 h
6 litros (24 tazas) de agua
4 muslos de pollo
1 hueso de jamón o 2 huesos con tuétano
700 g (1½ lb) de jarrete, entero
50 g (2 oz) de tocino o panceta
2 chorizos ahumados
2 hojas de laurel
1 morcilla
3 zanahorias, peladas
1 rama de apio
1 chirivía, pelada
1 cebolla, pelada
1 nabo amarillo
1 cabeza de ajos, dientes pelados
2 patatas, peladas
200 g (7 oz) de fideos finos

RECETA DEL COCIDO

Primero prepara el cocido. Escurre los garbanzos y envuélvelos holgadamente en un paño de muselina para mantenerlos juntos. Añádelos a una olla grande (de unos 10 litros / 2½ galones), luego vierte el agua y agrega el pollo, los huesos, la carne, el tocino, el chorizo y las hojas de laurel. Dispongo a fuego alto y lleva a ebullición, luego usa un cucharón para retirar la espuma que se forme en la superficie. Baja el fuego y deja que hierva a fuego medio 1 hora.

Agrega la morcilla, las zanahorias, el apio, la chirivía, la cebolla, el nabo y los dientes de ajo y cocina a fuego lento 1 hora, retirando la grasa que flote a la superficie con el cucharón.

Añade las patatas y cocina a fuego lento otros 40 minutos, o hasta que las patatas y los garbanzos estén completamente cocidos.

CONTINÚA EN LA PÁGINA SIGUIENTE

INGREDIENTES DEL ARROZ
120 ml (½ taza) de aceite de oliva
2 ñoras deshidratadas
3 tomates
1 cabeza de ajos entera, cortada por la mitad horizontalmente
200 g (7 oz) de patatas, peladas y en trozos grandes
1 cucharadita de pimentón dulce ahumado
0,3 g de azafrán (véase la guía de medidas de la p. 33), molido en el mortero
1 litro (4 tazas) de caldo del cocido (véase la página anterior)
400 g (2 tazas) de arroz para paella
Sal y pimienta negra, al gusto

SOBRAS DEL COCIDO
100 g (3½ oz) de beicon
100 g (3½ oz) de muslo de pollo deshuesado
70 g (2½ oz) de chorizo, en rodajas gruesas
50 g (2 oz) de morcilla, en rodajas gruesas
100 g (3½ oz) de jarrete, troceado bastamente
100 g (3½ oz) de garbanzos
1 hueso con tuétano

Con una espumadera, rescata todas las carnes y verduras, retira el paño de los garbanzos, luego transfiérelo todo a una bandeja y mantenlo caliente. Reserva 1 litro (4 tazas) del caldo para la receta de arroz, luego lleva el caldo a ebullición, añade los fideos y cocina 4 minutos, o según las instrucciones del paquete. Sirve la sopa en tazones y deja que los comensales se sirvan del resto de ingredientes. ¡Parecerá un festín! Reserva las sobras.

ARROZ CON CARNE AL HORNO

Cuando vayas a preparar el arroz, precalienta el horno a 200 °C / 400 °F / gas potencia 6.

Pon una cazuela grande de barro a fuego alto y añade el aceite de oliva y las ñoras. Parte 2 de los tomates por la mitad, añádelos a la cazuela con la cabeza de ajos cortada por la mitad y fríelos 4 minutos. Añade las patatas y dóralas otros 4 minutos.

Agrega el pimentón y ralla el tomate restante en la cazuela. Cocínalo 2 minutos hasta que el aceite comience a separarse de la pasta de tomate. Añade el azafrán molido, seguido del caldo de cocido y las sobras, y llévalo a ebullición. Condimenta con sal y pimienta, agrega el arroz y remueve para distribuirlo uniformemente por la cazuela.

Cocina a fuego alto 5 minutos, luego pásalo al horno otros 15 minutos. Deja reposar 5 minutos antes de servir.

ARROZ MELOSO DE SECRETO IBÉRICO Y CERVEZA

4 RACIONES **PREPARACIÓN 20 MIN** **COCCIÓN 1 H 30 MIN**

La razón por la que cocino este plato tan a menudo en casa entre semana es porque incluye ingredientes fáciles de encontrar en el supermercado. Al igual que en muchas recetas donde se añade alcohol, se forma un caldo de intensa fragancia, lo cual provoca un factor sorprendente con el mínimo esfuerzo. Si estás en España, prueba a prepararlo con cerdo ibérico, ¡quedará aún mejor!

90 ml (⅓ taza) de aceite de oliva virgen extra
600 g (1 lb 5 oz) de paleta de cerdo, en trozos de 2 cm (¾ in)
1 zanahoria, en dados
1 pimiento rojo, sin semillas y en dados
1 puerro, en rodajas de 3 cm (1¼ in)
6 dientes de ajo, picados finos
1 clavo
4 granos de pimienta negra
Una pizca de orégano
1 hoja de laurel
1 cucharadita de pimentón dulce ahumado
1 tomate, rallado
1 lata de cerveza de 330 ml (11 fl oz)
2 litros (8 tazas) de agua
0,3 g de azafrán (véase la guía de medidas de la p. 33), molido en el mortero
320 g (1½ tazas) de arroz para paella
Sal, al gusto

Calienta el aceite en una cazuela grande a fuego alto. Sazona la carne de cerdo, añádela a la cazuela y dórala unos 4 minutos por todos lados. Agrega la zanahoria, el pimiento y el puerro, y fríelos 10 minutos, removiendo con frecuencia, hasta que estén dorados.

Añade el ajo, el clavo, el orégano, los granos de pimienta y la hoja de laurel, seguido del pimentón y el tomate rallado. Deja reducir 2 minutos hasta que el aceite comience a separarse del tomate.

Vierte con cuidado la lata de cerveza y remueve bien para desglasar el fondo de la cazuela. Deja reducir 2 minutos, luego añade el agua. Espolvorea con el azafrán y hierve a fuego medio-bajo aproximadamente 1 hora para que se forme un caldo rico y la carne se ablande. Prueba el caldo y rectifica de condimento si es necesario. Deben quedar alrededor de 1,2 litros (5 tazas) de líquido en la cazuela.

Agrega el arroz y cocina a fuego medio 10 minutos, luego a fuego lento 8 minutos, removiendo con frecuencia para que el arroz libere el almidón y espese el guiso. Disfrútalo inmediatamente.

ARROZ MELOSO DE LACÓN AHUMADO Y ESPÁRRAGOS

4 RACIONES   **PREPARACIÓN 1 H**   **COCCIÓN 3 H 40 MIN**

Esta es una de mis recetas favoritas del libro. El sabor ahumado combinado con el colágeno y la grasa liberados a través de la cocción larga del lacón es una delicia.

PARA EL CALDO DE LACÓN
1 zanahoria, partida por la mitad
1 cebolla, en cuartos
4 dientes de ajo, pelados pero enteros
1 rama de apio, partida por la mitad
1 hoja de laurel
1 lacón ahumado grande
Bases y piel de los espárragos (véase más abajo)
3 litros (12 tazas) de agua
0,4 g de azafrán (véase la guía de medidas de la p. 33)

PARA EL ARROZ
160 ml (⅔ generosos de taza) de aceite de oliva virgen extra
4 dientes de ajo, en láminas
1 cucharadita de pimentón dulce ahumado
1 tomate, rallado
360 g (1¾ tazas) de arroz para paella
150 ml (⅔ generosos de taza) de vino blanco de calidad
1 manojo de espárragos verdes, pelados y partidos por la mitad
1 ramita de orégano

Comienza preparando el caldo. Coloca todos los ingredientes en una olla grande. Lleva a ebullición, baja el fuego y deja que hierva a fuego lento 3 horas. Retira la carne de la olla y déjala que se enfríe. Cuando esté lo bastante fría como para manipularla, separa la carne del hueso y desmenúzala. Cuela con cuidado el líquido restante y desecha las verduras; deben quedar unos 2 litros (8 tazas) de caldo. Desmenuza el azafrán en la olla y mantén el contenido caliente.

Calienta el aceite en una paellera a fuego alto, añade el ajo y saltea hasta que adquiera un poco de color. Agrega el pimentón, seguido del tomate, y sofríe 2 minutos hasta que el aceite comience a separarse de la pasta de tomate. Añade el arroz y remueve 2 minutos, asegurándote de que todo el arroz se embadurne de aceite. Vierte el vino blanco para desglasar el fondo de la paella.

Agrega los 2 litros (8 tazas) de caldo caliente y el lacón reservado y mézclalo todo. Prueba y rectifica de condimento si es necesario. Cocina a fuego alto 10 minutos, luego añade los espárragos y la ramita de orégano y continúa cocinando a fuego lento otros 6 minutos, revolviendo con frecuencia. ¡Sirve inmediatamente y disfruta!

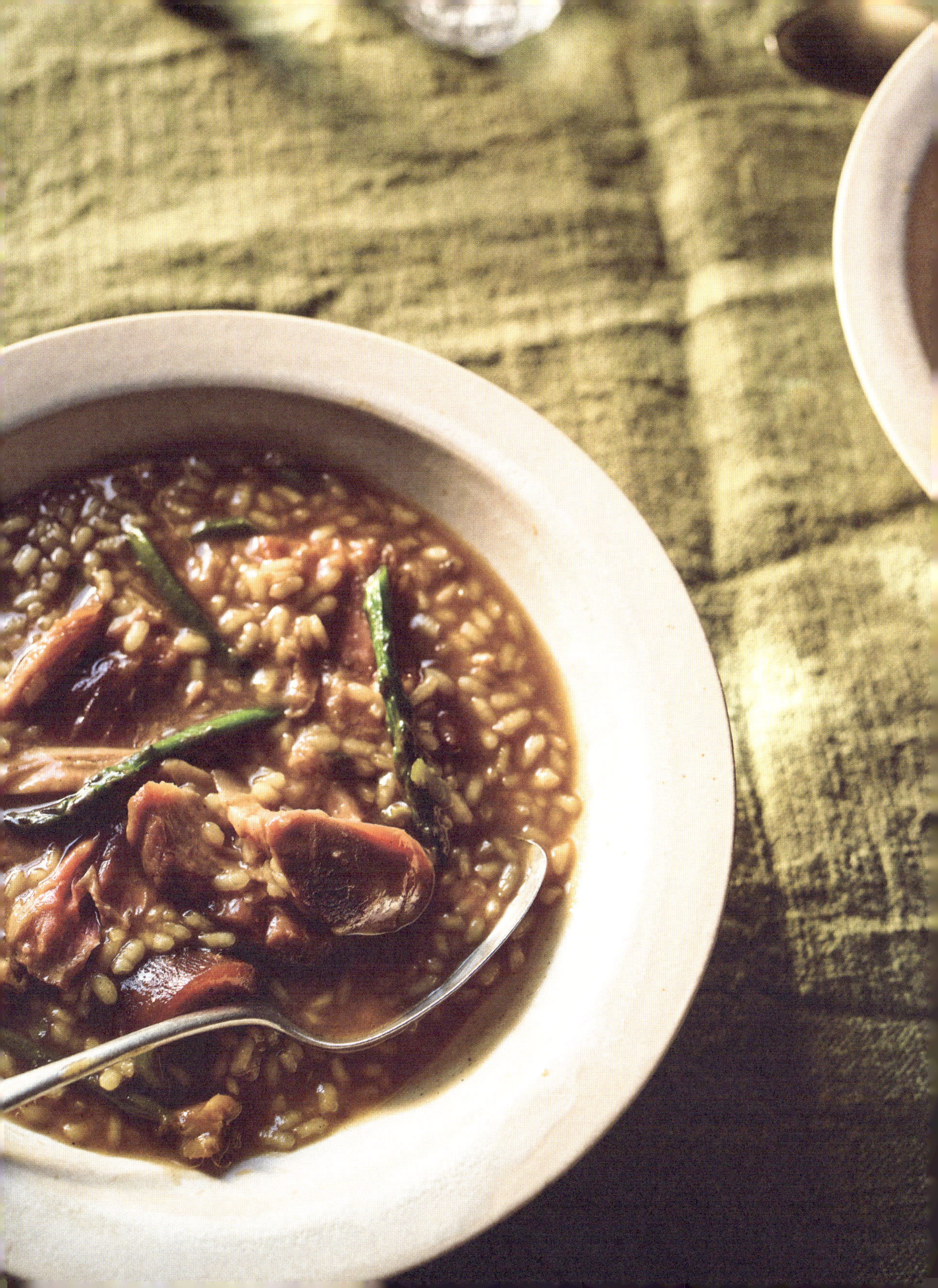

ARROZ DE CODORNIZ Y ALMENDRAS

4 RACIONES **PREPARACIÓN 10 MIN** **COCCIÓN 45 MIN**

La caza le va muy bien a la paella. Creo que la mayoría estamos de acuerdo en que deberíamos comer carne con menos frecuencia y elegirla de mejor calidad procedente de animales criados con bienestar. La perdiz, el faisán y las pintadas quedan de maravilla en la paella. Un ingrediente inusual de esta paella son las almendras. He experimentado mucho con paellas (como ya os podéis imaginar) y después de probar las almendras con pollo, descubrí que combinan de lujo con cualquier ave.

1,5 litros (6 tazas) de caldo de pollo (receta casera en la p. 158)
0,4 g de azafrán (véase la guía de medidas de la p. 33)
160 ml (⅔ de taza generosos) de aceite de oliva ligero
2 codornices, cortadas por la mitad
1 pimiento rojo, sin semillas y en tiras
50 g (2 oz) de almendras peladas
3 dientes de ajo, rallados
1 cucharadita de pimentón dulce ahumado
2 tomates, rallados
440 g (2¼ tazas) de arroz para paella
1 cucharada de tomillo seco
175 ml (¾ de taza) de vino blanco de calidad
Sal y pimienta, al gusto

Calienta el caldo en una cacerola a fuego bajo y añade el azafrán desmenuzado. Mantén el caldo caliente a fuego muy bajo.

Calienta el aceite en una paellera grande a fuego medio. Sala las mitades de codorniz, luego agrégalas a la paella con el pimiento rojo. Fríelo 6 minutos hasta que la codorniz adquiera un color dorado caramelizado por todos lados. Añade las almendras y fríe 1 minuto más.

Agrega el ajo, el pimentón y el tomate rallado, y sofríe unos 2 minutos hasta que el aceite comience a separarse de la pasta de tomate. Añade el arroz y remueve 2 minutos, para que se recubra bien con el aceite.

Vierte el vino para desglasar la sartén, raspando los restos del fondo. Añade con cuidado el caldo caliente y mezcla bien para distribuir el arroz de manera uniforme. Prueba y ajusta de condimento si es necesario. Cocina a fuego alto los primeros 10 minutos, luego añade el tomillo, baja el fuego a media potencia y cocina otros 9 minutos, sin remover. Deja reposar apartado del fuego 5 minutos antes de comer. ¡Buen provecho!

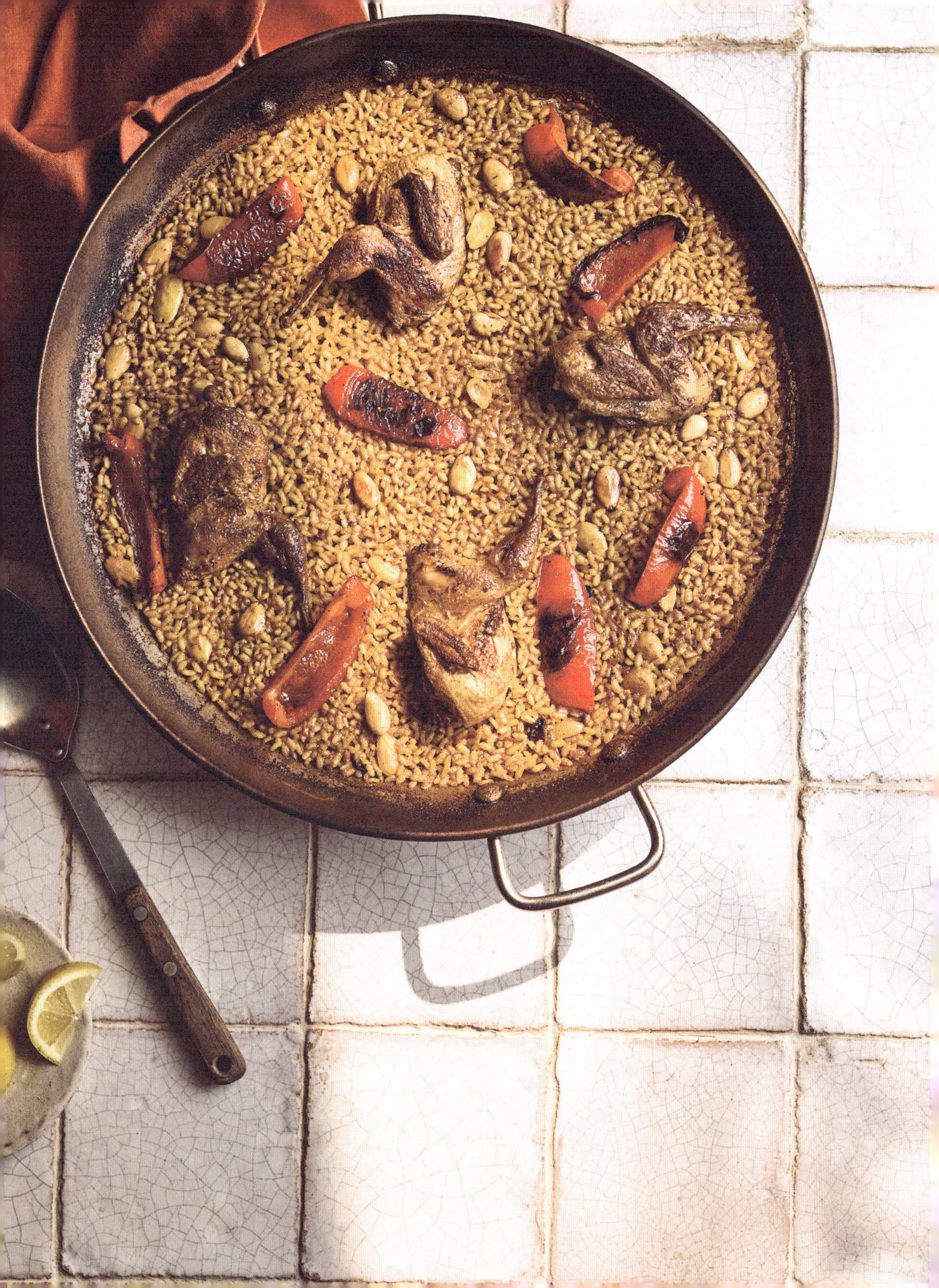

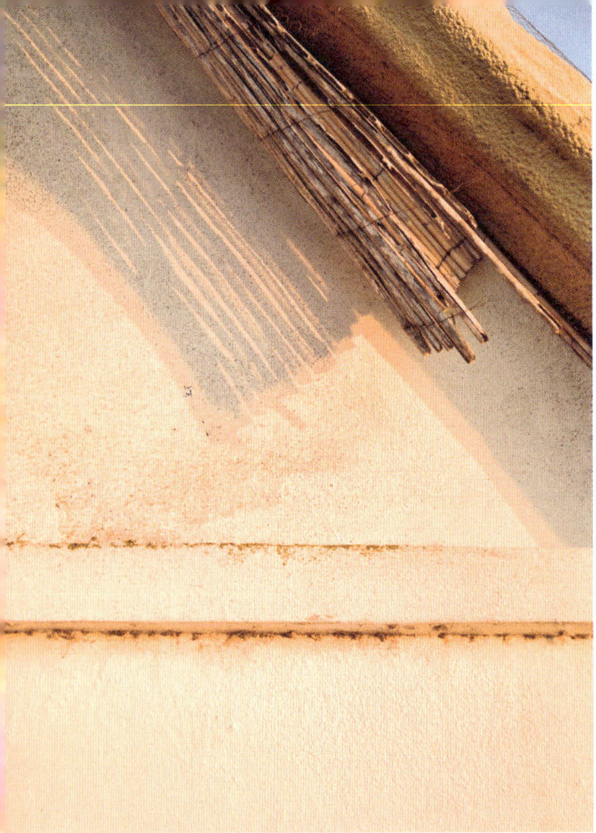
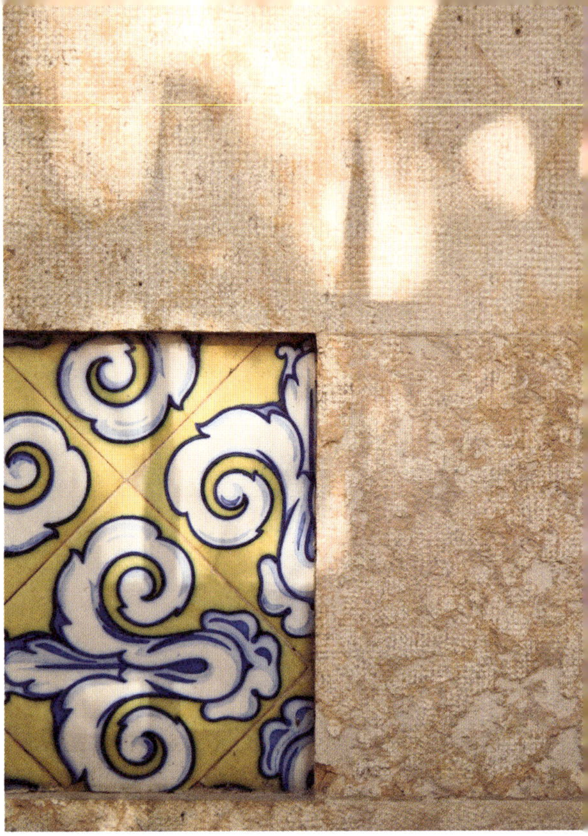
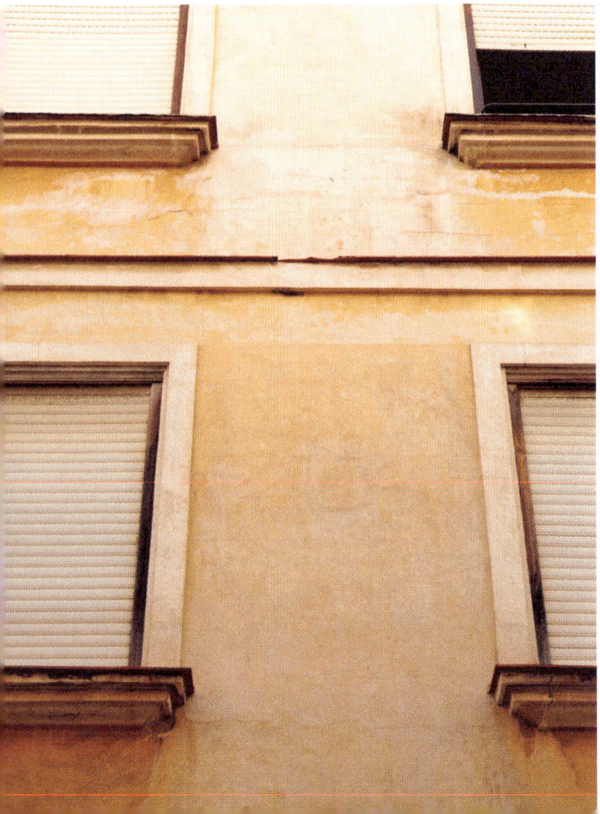
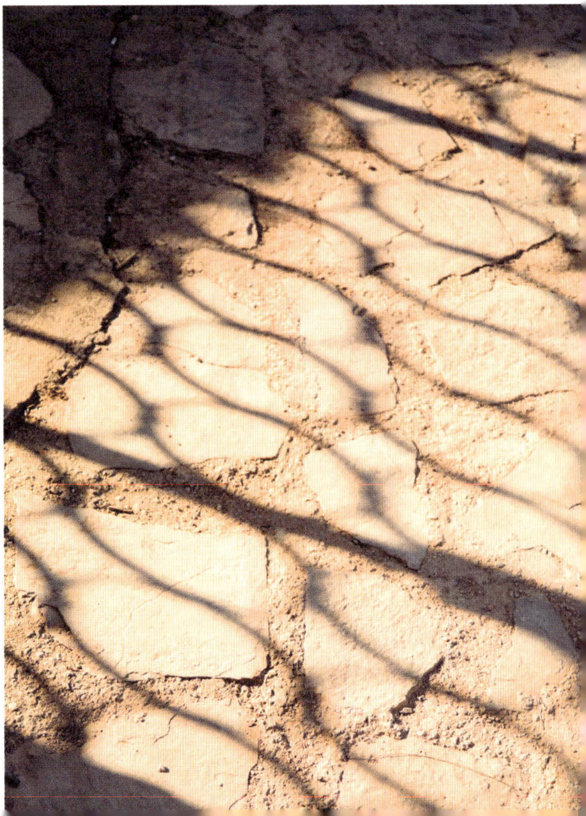

ARROZ DE TUÉTANO Y FILETE DE TERNERA

2 RACIONES **PREPARACIÓN 10 MIN** **COCCIÓN 45 MIN**

Esta receta es un ejemplo de un estilo de paella cada vez más popular. Implica agregar lo que te apetezca sobre tu paella, algún ingrediente que normalmente no le pertenecería, como el filete. La idea es que el arroz (aquí, solo 200 g/1 taza) sea una simple guarnición para la carne y el tuétano.

1,2 litros (6 tazas) de caldo de pollo (receta casera en la p. 158)
0,2 g de azafrán (véase la guía de medidas de la p. 33)
80 ml (⅓ de taza) de aceite de oliva virgen extra, y más para aliñar
1 tuétano grande, partido por la mitad a lo largo
350 g (12 oz) de filete de solomillo añejo (sácalo del frigorífico al menos 2 horas antes de cocinarlo para que esté a temperatura ambiente)
3 dientes de ajo, picados finos
1 cucharadita de pimentón dulce ahumado
1 tomate pequeño, rallado
200 g (1 taza) de arroz para paella
1 ramita de romero
Sal y pimienta, al gusto

Pon el caldo en un cazo pequeño, desmenuza el azafrán encima y reduce en un tercio el caldo a fuego alto. Mantenlo caliente a fuego mínimo.

Calienta el aceite en una paellera a fuego medio, agrega el hueso, con el lado cortado hacia abajo, y fríelo 10 minutos. Con unas pinzas para sostener el filete, sella el margen graso unos 3 minutos hasta que caramelice. Reserva.

Gira el hueso y empújalo hacia los lados de la sartén. Agrega el ajo, el pimentón y el tomate. Sofríe unos 2 minutos hasta que el aceite comience a separarse del tomate. Añade el arroz y remueve para recubrirlo de aceite. Añade el caldo caliente a la paella y mézclalo bien para distribuirlo. Prueba y rectifica de condimento si es necesario. Cocina a fuego alto 10 minutos, luego sacude la paella para allanar el contenido, coloca el romero encima y continúa cocinando a fuego lento otros 8 minutos, sin remover.

Sala generosamente el filete por ambos lados y rocía una sartén muy caliente con un poco de aceite de oliva. Fríe la carne 2½ minutos por cada lado. Colócala sobre la paella y déjala reposar 4 minutos, luego pásala a una tabla de cortar y corta el filete en tiras de 1 cm (½ in). Dispón la carne sobre el arroz de la paella y disfruta inmediatamente.

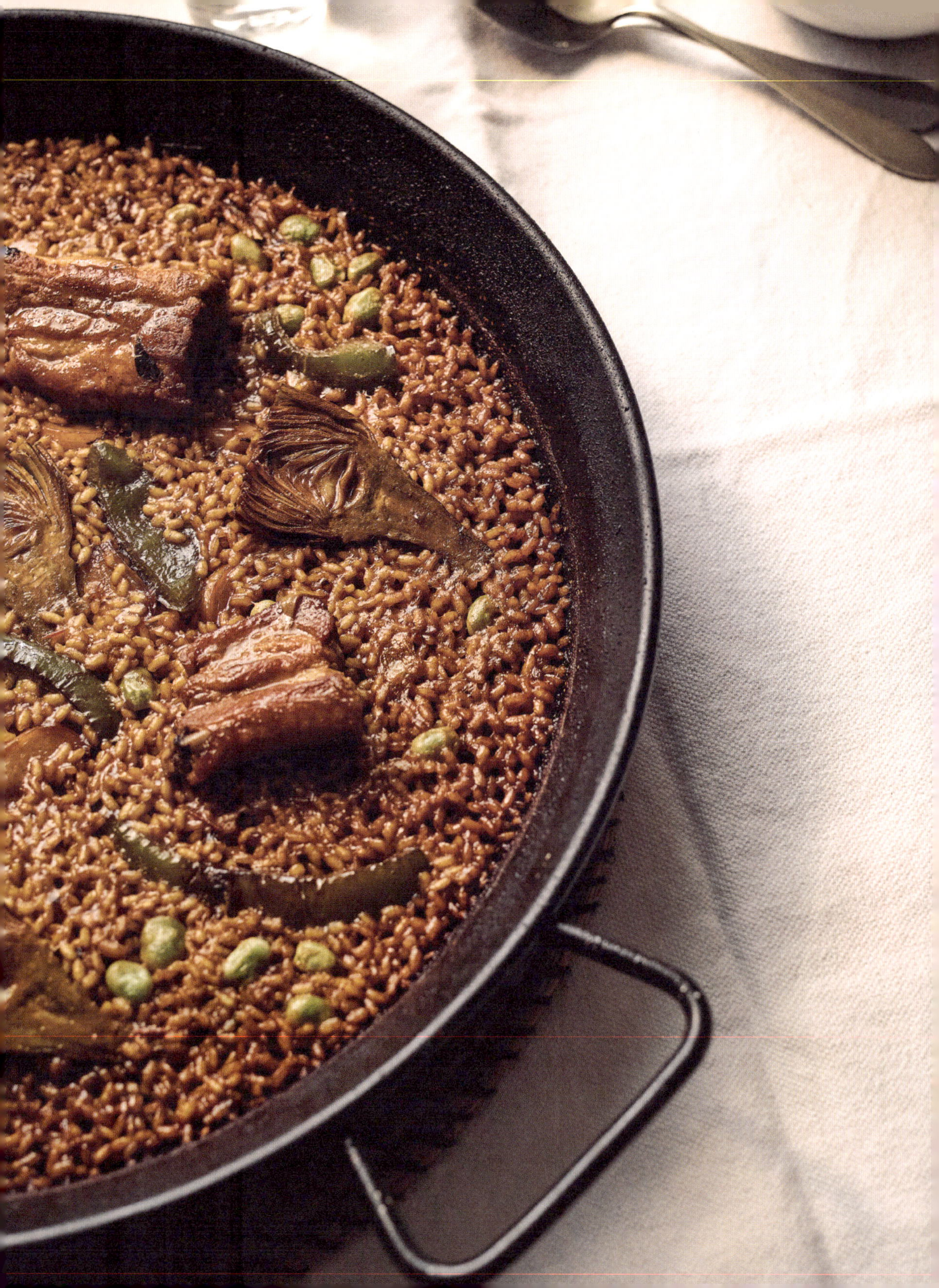

ARROZ DE COSTILLA, ALCACHOFA Y HABITAS TIERNAS

2 RACIONES   **PREPARACIÓN 30 MIN**   **COCCIÓN 45 MIN**

Cualquier corte de carne de cerdo le va de maravilla a la paella. Aquí, los tres ingredientes principales le dan mucho sabor, mientras que el pimiento solo se usa en pequeñas cantidades, ya que su sabor puede dominar.

1 litro (4 tazas) de caldo de pollo (receta casera en la p. 158)
0,3 g de azafrán (véase la guía de medidas de la p. 33)
90 ml (⅓ de taza) de aceite de oliva virgen extra
300 g (10 oz) de costilla de cerdo
1 pimiento verde pequeño, sin semillas y troceado bastamente
3 alcachofas, partidas por la mitad
1 cabeza de ajos, dientes separados y pelados
Un buen puñado de habitas (pueden ser congeladas)
1 cucharadita de pimentón dulce ahumado
1 tomate, rallado
330 g (1½ tazas) de arroz para paella
Sal, al gusto

Calienta el caldo en un cazo a fuego bajo y añade el azafrán desmenuzado. Mantenlo caliente a fuego mínimo.

Pon una paellera a fuego medio y añade el aceite y la costilla. Fríela 10 minutos por todos lados hasta que esté dorada. Agrega el pimiento, la alcachofa y el ajo, y cocínalo todo 5 minutos, luego añade las habas y cocina 1 minuto más.

Añade el pimentón y el tomate y sofríe 2 minutos hasta que el aceite comience a separarse de la pasta de tomate. Agrega el arroz y remueve 2 minutos, hasta que se recubra de aceite.

Agrega con cuidado el caldo caliente a la paella y mezcla bien para distribuir el arroz de manera uniforme. Prueba y ajusta de condimento si es necesario. Cocina a fuego alto los primeros 10 minutos, luego baja el fuego a media potencia y cocina otros 9 minutos, sin remover. Deja reposar apartado del fuego 5 minutos antes de comer.

ARROZ DE ALITAS, CIRUELAS PASAS Y JEREZ DULCE

4 RACIONES **PREPARACIÓN 20 MIN** **COCCIÓN 45 MIN**

Esta paella es inventiva pero no inusual en términos de sabores españoles. He tomado combinaciones familiares de ingredientes y las he «paellado». Te invito a hacer lo mismo con cualquier sabor que conozcas y te guste, utilizando los principios para cocinar la paella. Con la carne, el dulzor de las ciruelas y el jerez, el socarrat de esta paella será más glaseado de lo habitual. ¡¿Cómo no nos va a gustar?!

1,6 litros (6 tazas) de caldo de pollo (receta casera en la p. 158)
0,3 g de azafrán (véase la guía de medidas de la p. 33)
100 g (3½ oz) de ciruelas
100 ml (½ taza escasa) de aceite de oliva
500 g (1 lb 2 oz) de alitas de pollo, enteras
½ cebolla amarilla, picada fina
6 dientes de ajo, picados finos
1 cucharada de pimentón dulce ahumado
1 tomate grande, rallado
440 g (2¼ tazas) de arroz para paella
150 ml (⅔ de taza generosos) de jerez dulce
3 ramitas de tomillo
Sal y pimienta, al gusto

Calienta el caldo en un cazo a fuego bajo y añade el azafrán desmenuzado. Agrega las ciruelas y mantenlo caliente a fuego muy bajo.

Calienta el aceite en una paellera a fuego alto y añade las alitas de pollo. Sálalas y fríelas 10 minutos hasta que se doren bien por todos lados. Añade la cebolla y sofríela unos 5 minutos, o hasta que esté dorada.

Agrega el ajo, el pimentón y el tomate rallado, y sofríe unos 2 minutos hasta que el aceite comience a separarse de la pasta de tomate. Añade el arroz y mézclalo todo junto 2 minutos, para que el arroz se recubra de aceite y se selle.

Vierte el jerez y deja reducir por completo, luego agrega el caldo caliente a la paella y remueve bien para distribuir el arroz de manera uniforme. Sazona con pimienta negra, luego prueba el caldo y rectifica de condimento si es necesario. Cocina a fuego alto 10 minutos, luego esparce las ramitas de tomillo sobre la paella y sacúdela para aplanar el contenido. Continúa cocinando a fuego lento otros 8 minutos, sin remover. Deja reposar la paella apartada del fuego 5 minutos antes de comer.

ARROZ DE SHIITAKES, ESPÁRRAGOS Y JAMÓN IBÉRICO

4 RACIONES   PREPARACIÓN 15 MIN   COCCIÓN 45 MIN

Los sabores de esta receta combinan bien en cualquier plato; en esta ocasión la paella es solo un medio. La misma combinación de ingredientes se encuentra a menudo en salteados, huevos revueltos, como tapa…

1,5 litros (6 tazas) de fumet de setas (receta casera en la p. 162)
0,4 g de azafrán (véase la guía de medidas de la p. 33)
3 cucharadas de salsa de soja clara
160 ml (⅔ de taza generosos) de aceite de oliva virgen extra
200 g (7 oz) de espárragos verdes
300 g (10 oz) de setas shiitake
3 dientes de ajo, pelados y partidos por la mitad a lo largo
1 cucharadita de pimentón dulce ahumado
2 tomates, rallados
440 g (2¼ tazas) de arroz para paella
1 ramita de romero
100 g (3½ oz) de jamón ibérico, en lonchas muy finas
Sal, al gusto

Calienta el fumet de setas en un cazo. Añade el azafrán desmenuzado y la salsa de soja, y mantenlo caliente a fuego mínimo.

Calienta el aceite en una paellera a fuego medio. Añade los espárragos y fríelos 3 minutos, luego retíralos y reserva. Añade las setas shiitake y saltéalas 5 minutos. Sala.

Agrega el ajo, el pimentón dulce ahumado y los tomates rallados, y sofríe unos 2 minutos hasta que el aceite comience a separarse de la pasta de tomate. Añade el arroz y mézclalo todo junto 2 minutos, asegurándote de que el arroz se recubra con el aceite.

Añade con cuidado el caldo caliente a la paella y remueve bien para distribuir el arroz de manera uniforme. Prueba el caldo y rectifica de condimento si es necesario. Cocina a fuego fuerte 10 minutos, luego agrega los espárragos y la ramita de romero sobre el arroz. Sacude la sartén para aplanar el contenido y continúa cocinando a fuego lento otros 8 minutos, sin remover. Deja reposar el arroz apartado del fuego 5 minutos antes de disponer el jamón ibérico por encima y comer.

ARROZ DE POLLO, PERAS Y PANCETA

2 RACIONES**PREPARACIÓN 30 MIN****COCCIÓN 45 MIN**

Me volví loco con esta paella, es decir, rompí algunas reglas y me encantó el resultado. Era tan delicioso y exquisito que cuando lo fotografiamos para el libro y lo comimos después, el equipo se sorprendió de lo diferente pero suculento que era. Las peras se cocinan en mantequilla y se caramelizan con azúcar (todos sabemos de sobra lo bien que saben). Mi consejo es: si algo ya sabe bien tal cual es, entonces es apto para una paella.

1 litro (4 tazas) de caldo de pollo (receta casera en la p. 158)
0,3 g de azafrán (véase la guía de medidas de la p. 33)
90 ml (⅓ de taza) de aceite de oliva virgen extra
3 muslos de pollo con hueso y piel
100 g (3½ oz) de tiras de panceta
2 dientes de ajo, picados finos
1 cucharadita de pimentón dulce ahumado
1 tomate, rallado
330 g (1½ tazas) de arroz para paella
Ramita de romero
Sal y pimienta, al gusto

PARA LAS PERAS
2 peras
Una nuez grande de mantequilla sin sal
3 cucharadas de azúcar extrafino

Primero, carameliza las peras. Pélalas y córtalas por la mitad. Derrite la mantequilla en una sartén grande a fuego medio y fríe las peras unos 3 minutos por cada lado. Espolvorea el azúcar por encima y sigue friéndolas a fuego fuerte unos minutos, dándoles la vuelta de vez en cuando hasta dorarlas. Reserva.

Calienta el caldo en un cazo a fuego mínimo y añade el azafrán desmenuzado.

Calienta el aceite en una paellera a fuego medio y añade el pollo, con la piel hacia abajo primero. Fríe unos 5 minutos por cada lado. Añade la panceta y fríe 5 minutos más hasta que todas las carnes adquieran un tono dorado.

Añade el ajo, el pimentón y el tomate rallado, y sofríe 2 minutos hasta que el aceite se separe de la pasta de tomate. Agrega el arroz y remueve 2 minutos para que se recubra con el aceite.

Añade el caldo caliente a la paella y mezcla bien para distribuir el arroz de manera uniforme. Prueba el caldo y rectifica de condimento si es necesario. Cocina a fuego alto 10 minutos, luego agrega las peras y la ramita de romero y cocina a fuego medio-bajo los últimos 9 minutos, sin remover. Deja reposar apartado del fuego 5 minutos antes de comer. ¡Buen provecho!

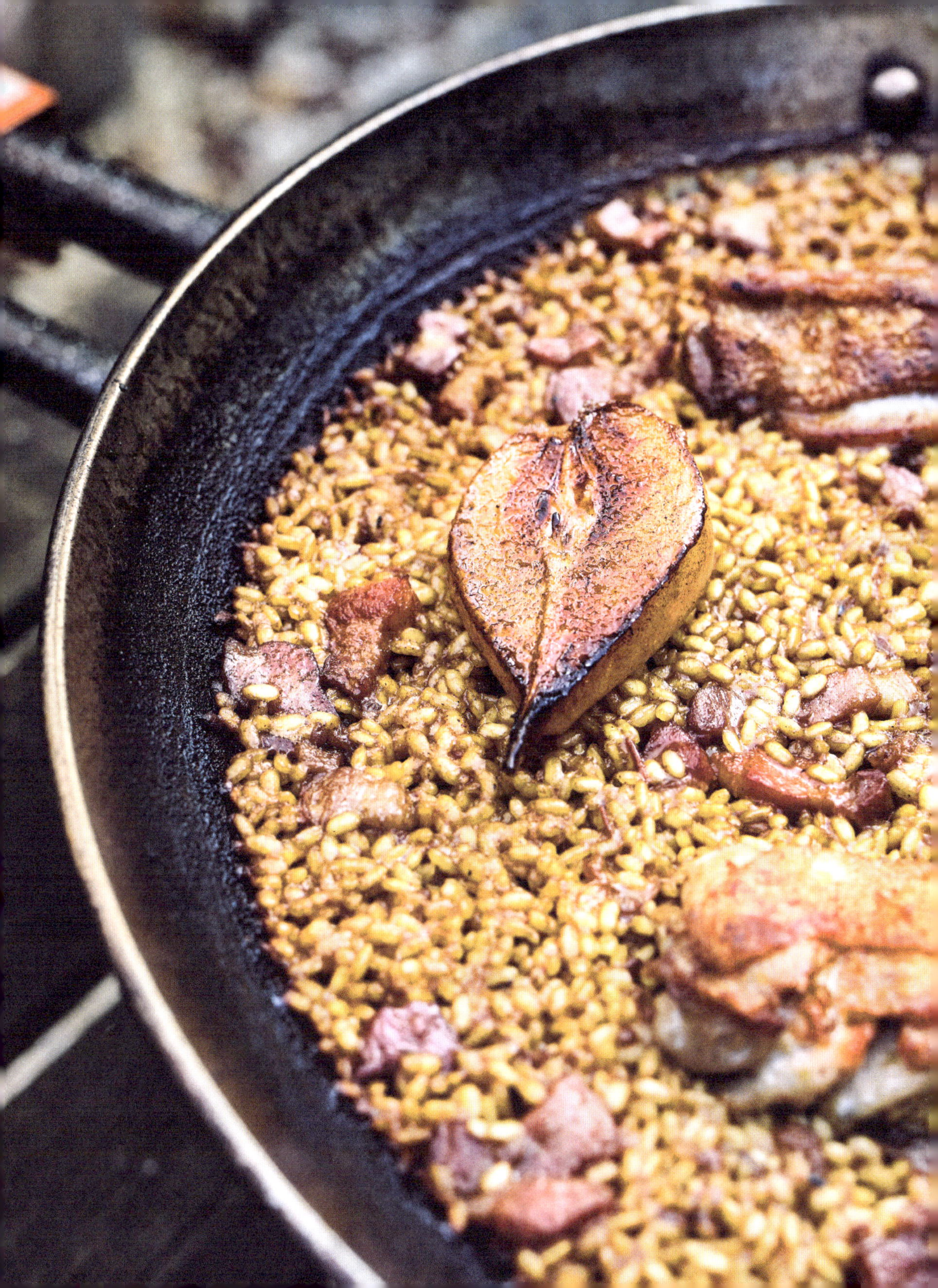

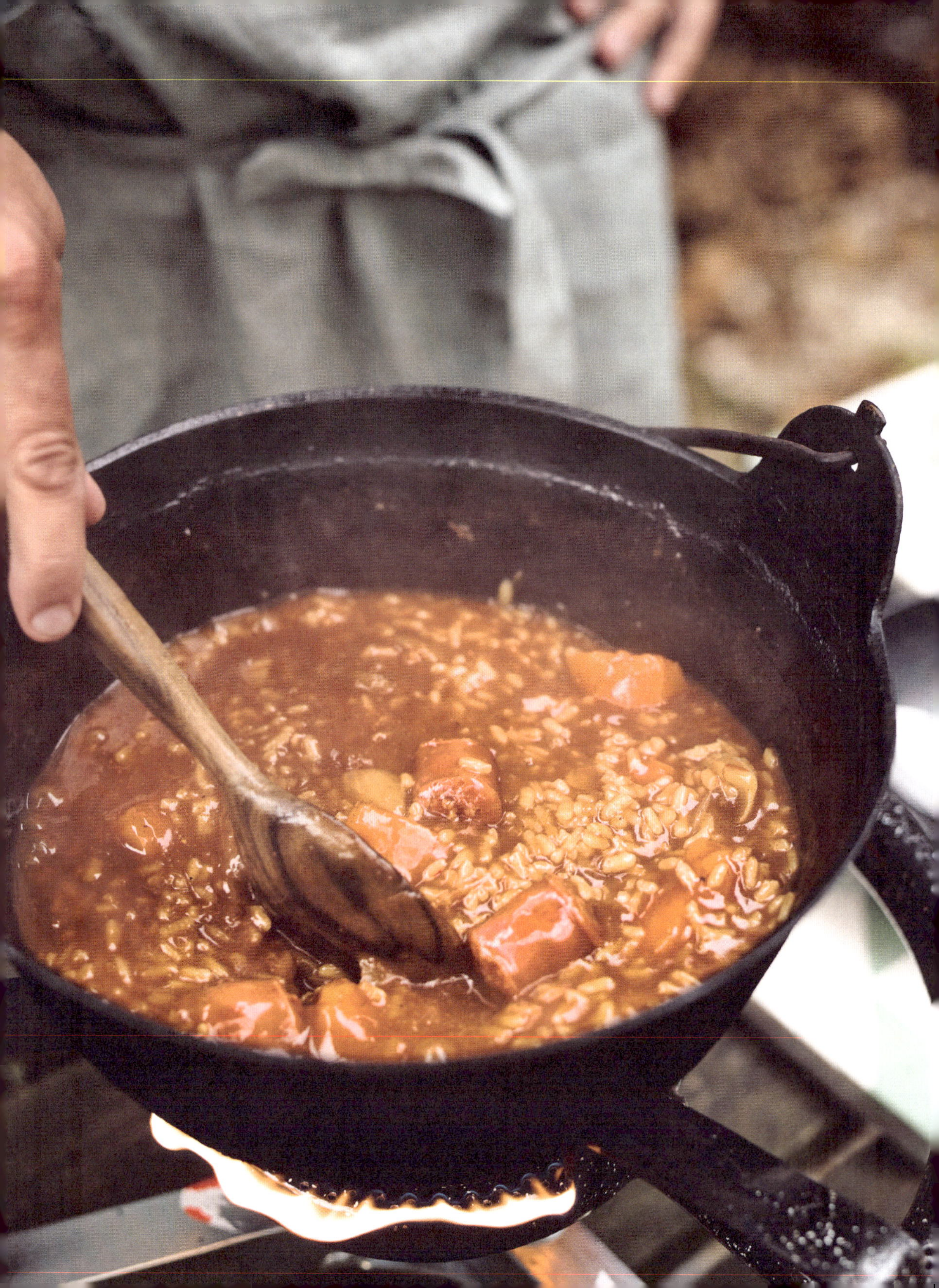

ARROZ CALDOSO DE BATATA, CHORIZO Y ESPINACAS

4 RACIONES **PREPARACIÓN 15 MIN** **COCCIÓN 30 MIN**

Al llegar el invierno a todos nos apetece un buen guiso. Los arroces caldosos son la solución perfecta para calentar estómagos y almas. El chorizo siempre aporta algo a un guiso, y también la batata –mi pareja, Sandra, está obsesionada con este tubérculo, por lo que hace apariciones frecuentes en cualquier cosa que cocinamos en casa–, y por suerte son una combinación ideal.

2 litros (8 tazas) de caldo vegetal (receta casera en la p. 163)
0,4 g de azafrán (véase la guía de medidas de la p. 33)
120 ml (½ taza) de aceite de oliva virgen extra
1 cebolla, picada fina
500 g (1 lb 2 oz) de batata, lavada y en dados
100 g (3½ oz) de chorizo, en rodajas
6 dientes de ajo, picados finos
1 cucharada de pimentón dulce ahumado
2 tomates pequeños, rallados
300 g (1½ tazas) de arroz para paella
300 g (10 oz) de hojas de espinacas tiernas
4 ramitas de tomillo
Sal, al gusto

Calienta el caldo en un cazo a fuego lento y añade el azafrán desmenuzado. Mantenlo caliente a fuego mínimo.

Calienta el aceite en una olla grande a fuego medio y añade la cebolla, las batatas y el chorizo, y fríelos 10 minutos.

Añade el ajo, el pimentón y el tomate rallado, y sofríe unos 2 minutos hasta que el aceite comience a separarse de la pasta de tomate. Agrega el arroz y remueve 2 minutos, hasta que el arroz se recubra de aceite.

Añade con cuidado el caldo caliente y mezcla bien. Sala al gusto, luego cocina a fuego fuerte 8 minutos antes de agregar las hojas de espinaca y las ramitas de tomillo. Baja el fuego y continúa cocinando otros 10 minutos, removiendo sin cesar. Disfrútalo inmediatamente.

ARROZ DE PATO Y ANGUILA

4 RACIONES   **PREPARACIÓN 30 MIN**   **COCCIÓN 45 MIN**

Esta es una receta tradicional que se come en la zona de la Albufera, donde el arroz crece en los humedales. Allí siempre usamos pato fresco de origen local, pero prefiero usar confit de pato: los sabores de la grasa y la ternura del confit mejoran el resultado final, en mi humilde opinión.

1,5 litros (6 tazas) de caldo de pollo (receta casera en la p. 158)
0,4 g de azafrán (véase la guía de medidas de la p. 33)
100 ml (½ taza escasa) de aceite de oliva
2 muslos de confit de pato, cada uno cortado en 2 trozos, la grasa aparte
500 g (1 lb 2 oz) de anguila fresca, en trozos grandes
200 g (7 oz) de judías verdes, en trozos de 3 cm (1¼ in)
2 dientes de ajo, rallados
1 cucharadita de pimentón dulce ahumado
1 tomate grande, rallado
440 g (2¼ tazas) de arroz para paella
1 ramita de romero
Sal, al gusto

Calienta el caldo en un cazo a fuego lento y añade el azafrán desmenuzado. Mantenlo caliente al fuego mínimo.

Coloca una paellera a fuego fuerte y añade el aceite, la grasa de pato, los trozos de pato y la anguila. Fríelos 6 minutos hasta que se doren, luego retira la anguila de la sartén y reserva. Agrega las judías y saltéalas 2 minutos; sala.

Añade el ajo, el pimentón y el tomate rallado, y sofríe unos 2 minutos hasta que el aceite comience a separarse de la pasta de tomate. Agrega el arroz y mezcla 2 minutos, hasta que se recubra de aceite.

Con cuidado, añade el caldo caliente a la paella y remueve bien para distribuir el arroz de manera uniforme. Prueba y rectifica de condimento si es necesario. Cocina a fuego fuerte 10 minutos, luego coloca la ramita de romero y los trozos de anguila sobre el arroz y continúa cocinando a fuego lento otros 8 minutos, sin remover. Deja reposar el arroz apartado del fuego 5 minutos antes de comer.

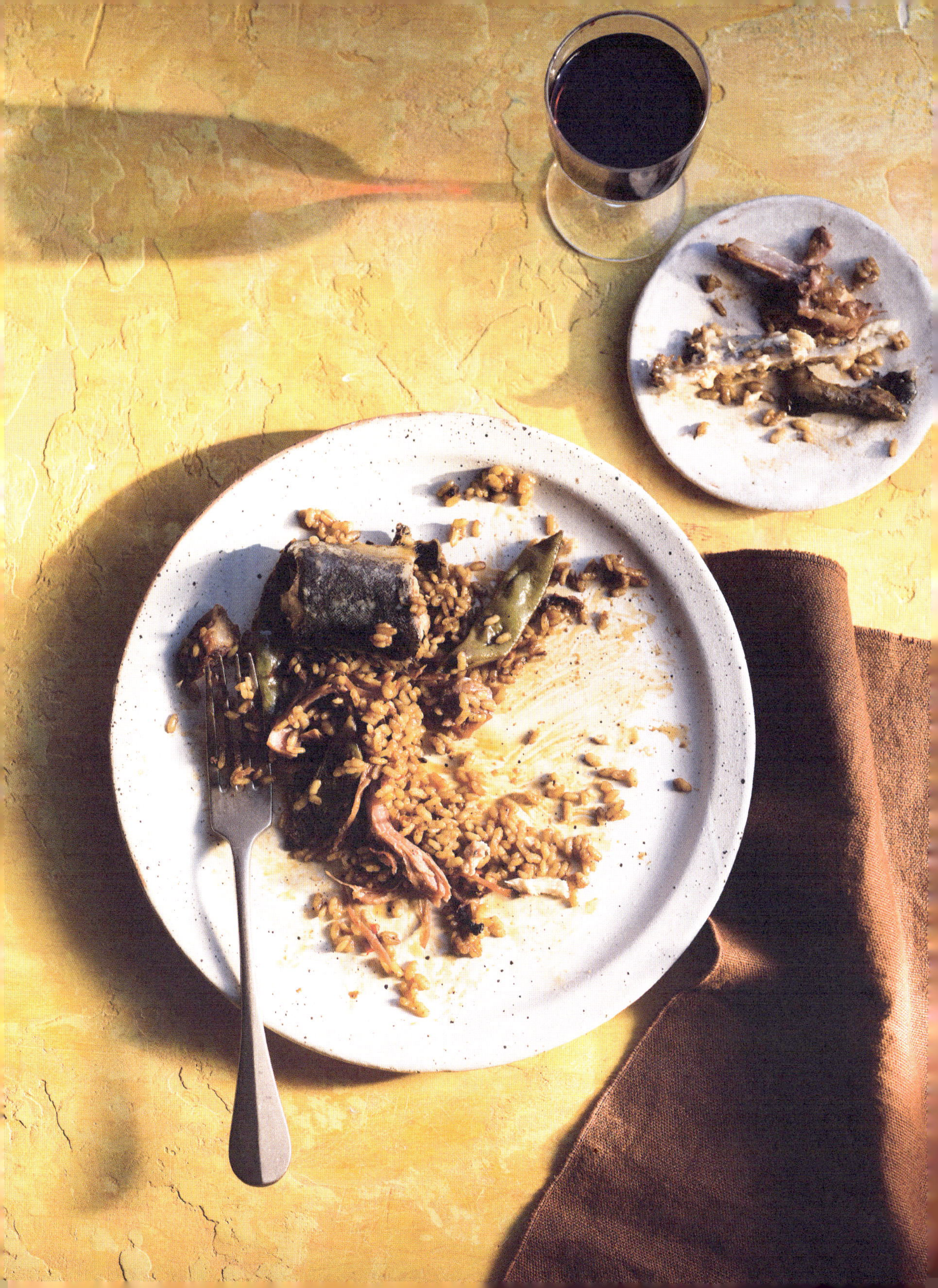

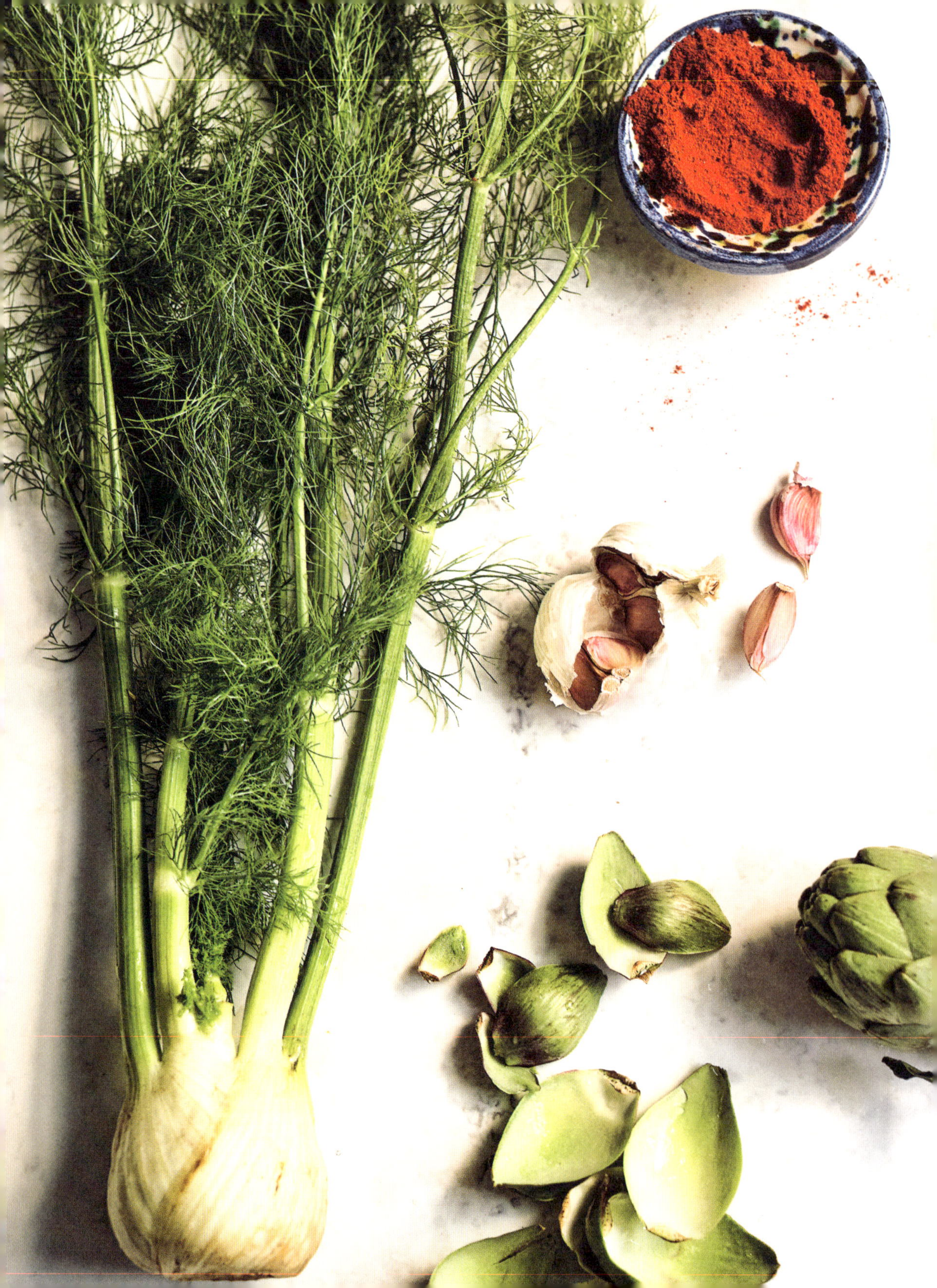

ARROZ DE POLLO, ALCACHOFA E HINOJO

2 RACIONES **PREPARACIÓN 15 MIN** **COCCIÓN 35 MIN**

Me encanta la paella sencilla con solo dos o tres ingredientes, que permite que los sabores brillen. La alcachofa y el hinojo son dos de mis verduras favoritas. Esta receta posee el equilibrio perfecto de proteínas, verduras y carbohidratos, y la preparo a menudo para cenar.

1 litro (4 tazas) de caldo de pollo (receta casera en la p. 158)
0,2 g de azafrán (véase la guía de medidas de la p. 33)
60 ml (¼ de taza) de aceite de oliva virgen extra
2 muslos de pollo, cortados en 3 trozos
1 alcachofa (o 2 si son pequeñas), a cuartos
1 bulbo de hinojo pequeño, a cuartos
4 dientes de ajo, picados finos
1 cucharadita de pimentón dulce ahumado
1 tomate pequeño, rallado
200 g (1 taza) de arroz para paella
Sal, al gusto

Calienta el caldo en un cazo a fuego lento y añade el azafrán desmenuzado. Mantenlo caliente al fuego mínimo.

Calienta el aceite en una paellera a fuego medio. Sala los trozos de pollo y fríelos 10 minutos hasta que estén ligeramente dorados. Agrega las alcachofas cortadas y el hinojo a la sartén, y fríelos con el pollo otros 6 minutos hasta que caramelicen por todos lados.

Añade el ajo, el pimentón y el tomate rallado, y sofríe unos 2 minutos hasta que el aceite comience a separarse de la pasta de tomate. Agrega el arroz y mezcla 2 minutos, hasta que se recubra de aceite.

Añade con cuidado el caldo caliente a la sartén y remueve bien para distribuir el arroz de manera uniforme. Prueba y rectifica de condimento si es necesario. Cocina a fuego alto los primeros 10 minutos, luego baja el fuego a media potencia y cocina otros 8 minutos, sin remover. Deja reposar apartado del fuego 5 minutos antes de comer.

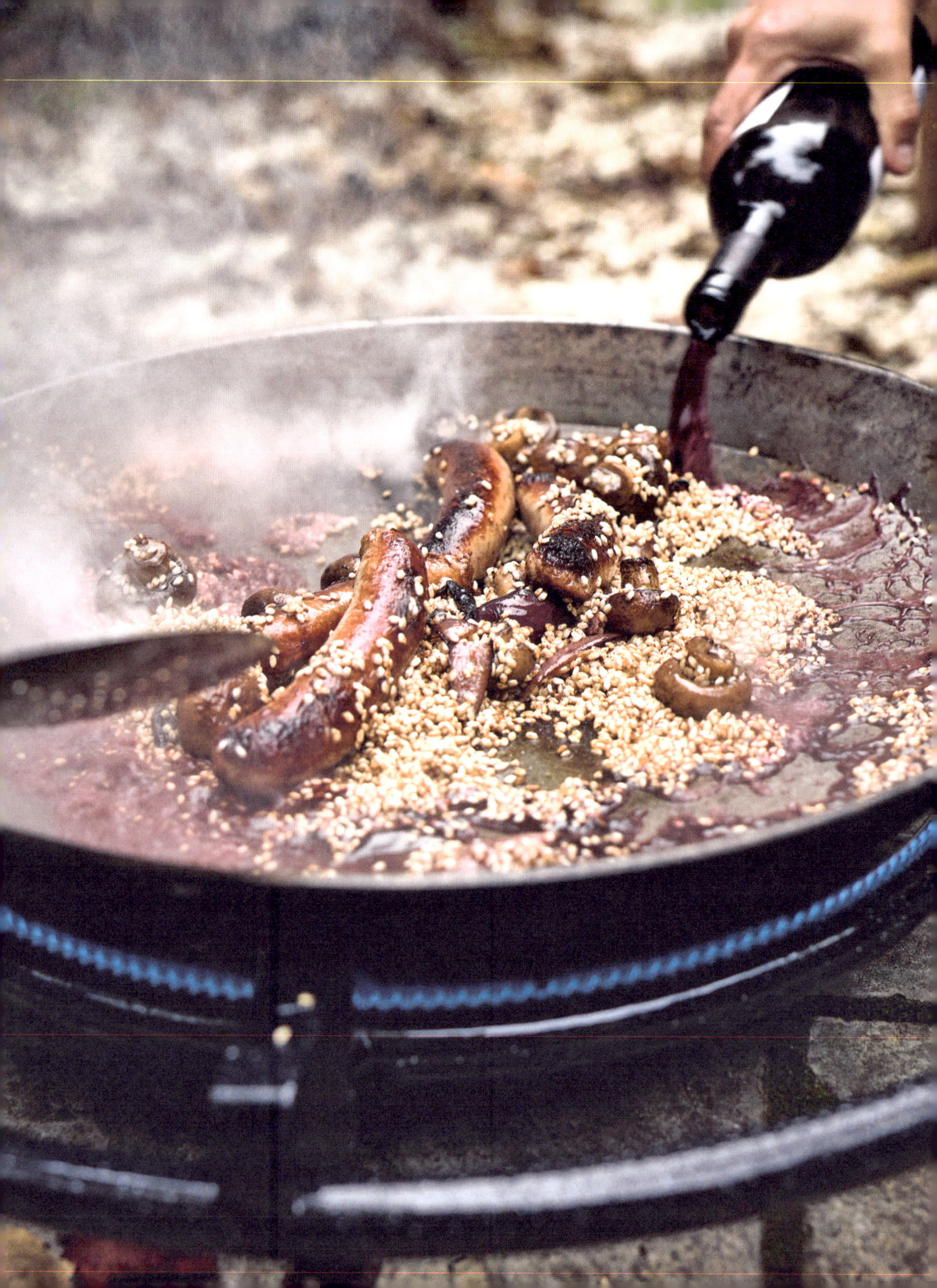

ARROZ DE SALCHICHA, CEBOLLA ROJA Y CHAMPIÑONES

4 RACIONES **PREPARACIÓN 20 MIN** **COCCIÓN 40 MIN**

Hay sabores que combinan de forma natural, y estos tres son un gran ejemplo. La belleza de la paella en comparación con otros platos de arroz famosos, como el biryani o el risotto, es que funciona con casi todos los ingredientes que se te ocurran. Cuando era niño, no solía comer salchichas, excepto en bocadillos de salchichas tipo frankfurt, pero desde que me mudé al Reino Unido, donde son casi un alimento básico, he descubierto lo buenas que son, incluso en la paella.

2 litros (8 tazas) de caldo de cerdo (receta casera en la p. 157)
0,4 g de azafrán (véase la guía de medidas de la p. 33)
120 ml (½ taza) de aceite de oliva virgen extra
400 g (14 oz) de salchichas de cerdo
2 cebollas moradas, en cuñas
150 g (5 oz) de setas pequeñas, enteras
6 dientes de ajo, picados finos
1 cucharadita de pimentón dulce ahumado
1 tomate, rallado
175 ml (¾ de taza) de vino tinto
400 g (2 tazas) de arroz para paella
Unas ramitas de romero
Sal y pimienta, al gusto

Calienta el caldo de cerdo en un cazo a fuego lento y añade el azafrán desmenuzado. Mantenlo caliente a fuego mínimo.

Calienta el aceite de oliva en una paellera a fuego alto y añade las salchichas, la cebolla y las setas. Sofríelo todo 8 minutos hasta que quede bien caramelizado, luego échale sal.

Añade el ajo, seguido del pimentón y el tomate, y sofríe unos 2 minutos hasta que el aceite comience a separarse de la pasta de tomate. Agrega el arroz y remueve 2 minutos más, para que se recubra con el aceite. Añade el vino y déjalo burbujear 2 minutos hasta que haya reducido.

Agrega con cuidado el caldo caliente y remueve bien para distribuir el arroz de manera uniforme. Sazona con pimienta y añade las ramitas de romero. Prueba y rectifica de condimento si es necesario. Cocina a fuego fuerte los primeros 10 minutos, luego baja el fuego y cocina otros 9 minutos, sin remover. Deja reposar el arroz apartado del fuego 5 minutos antes de comer.

ARROZ A LA INGLESA

4 RACIONES **PREPARACIÓN 5 MIN** **COCCIÓN 40 MIN**

Después de 18 años viviendo en el Reino Unido, he aprendido que los británicos quieren soluciones rápidas y fáciles para la cena. Esta receta es facilísima, ya que los ingredientes estrella llegan directamente del supermercado en trozos listos para usar, ¡lo cual significa una preparación mínima! Algunos puristas dirían que el uso del chorizo en esta receta es controvertido, pero a veces es mejor ser listo que trabajador.

1,5 litros (6 tazas) de caldo de pollo (receta casera en la p. 158)
0,3 g de azafrán (véase la guía de medidas de la p. 33)
100 ml (½ taza escasa) de aceite de oliva
500 g (1 lb 2 oz) de alitas de pollo
150 g (5 oz) de choricitos
100 g (3½ oz) de tirabeques
4 dientes de ajo, picados finos
1 cucharada de pimentón dulce ahumado
1 tomate grande, rallado
400 g (2 tazas) de arroz para paella
Sal, al gusto

Calienta el caldo de pollo en un cazo a fuego mínimo y añade el azafrán desmenuzado. Mantenlo caliente a fuego mínimo.

Calienta el aceite en una paellera a fuego fuerte y añade las alitas de pollo. Fríelas 5 minutos, luego agrega el chorizo y fríelo otros 5 minutos o hasta que esté dorado. Sálalo.

Añade los tirabeques y el ajo, seguido del pimentón y el tomate, y sofríe unos 2 minutos hasta que el aceite comience a separarse de la pasta de tomate. Agrega el arroz y mézclalo todo 2 minutos, para que el arroz se recubra con el aceite y se selle.

Añade el caldo caliente con cuidado y revuelve para distribuir el arroz de manera uniforme. Prueba el caldo y rectifica de condimento si es necesario. Cocina a fuego fuerte 10 minutos, luego sacude la paella para allanar el contenido y continúa cocinando a fuego lento 8 minutos, sin remover. Deja reposar el arroz apartado del fuego 5 minutos antes de comerlo.

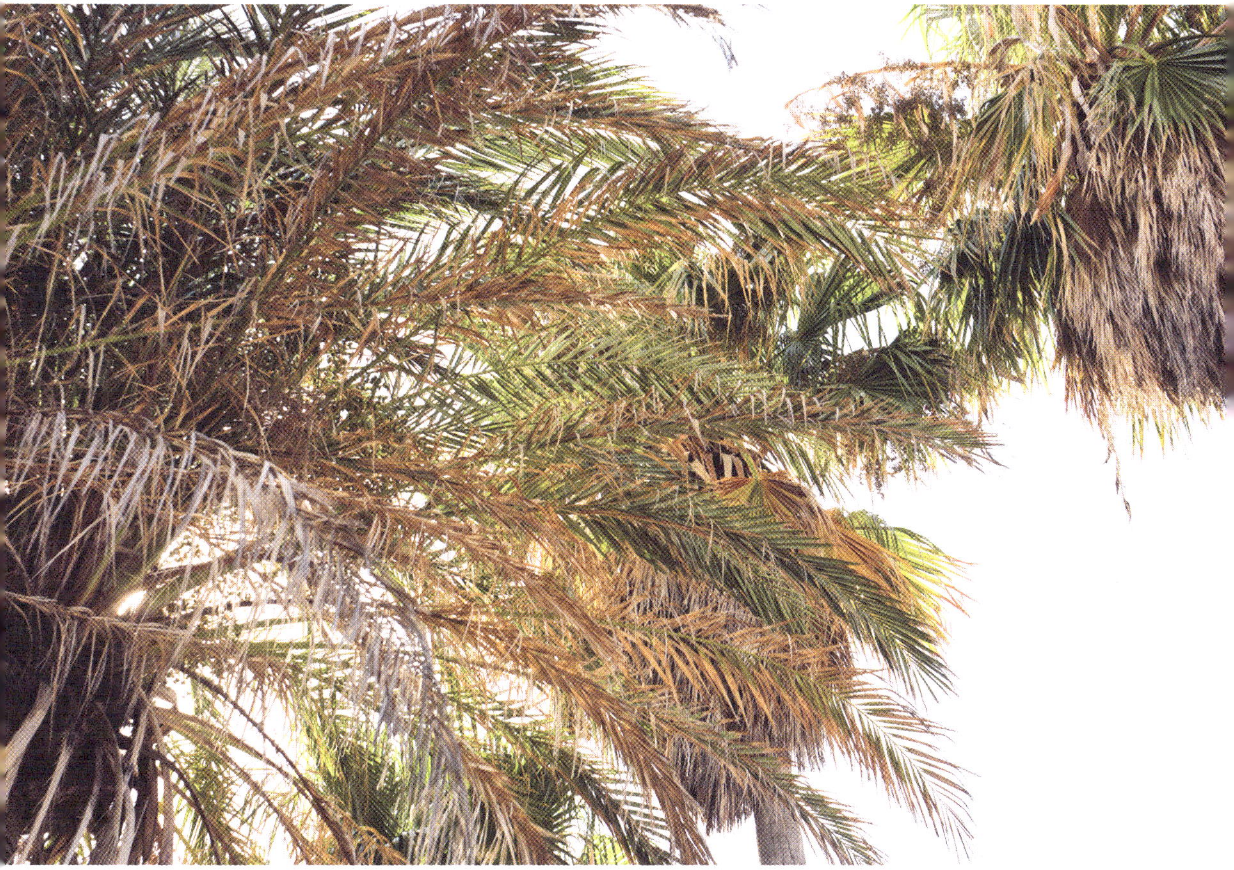

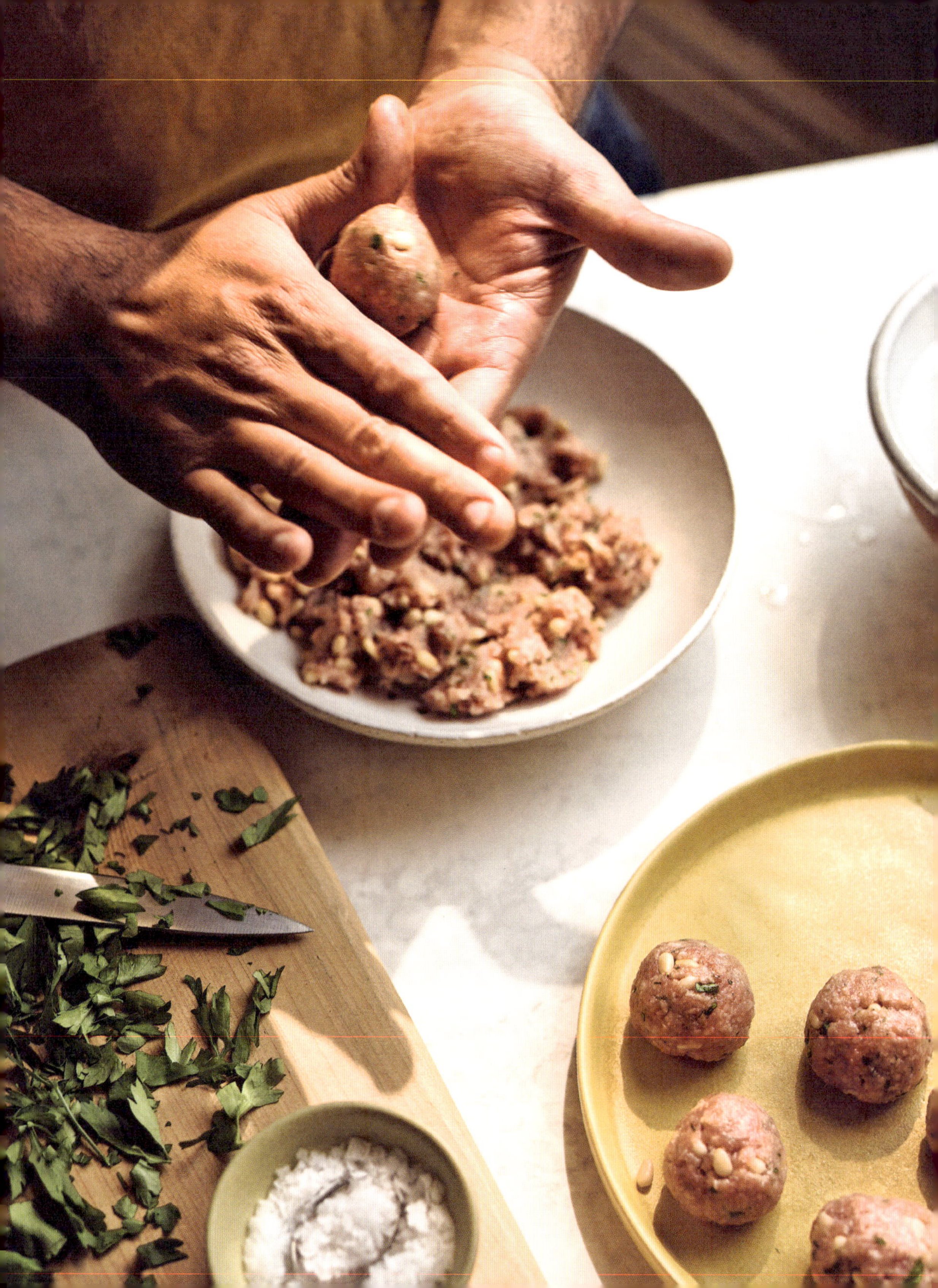

ARROZ DE ALBÓNDIGAS Y JUDÍAS VERDES

4 RACIONES **PREPARACIÓN 20 MIN, MÁS REMOJO** **COCCIÓN 30 MIN**

Las albóndigas son de los platos favoritos de muchas personas, en especial de los niños. Me encanta elaborarlas desde cero; en España les añadimos más pan, huevo y leche que en otros países, y el resultado es más jugoso y suave, pero también se pueden comprar preparadas, como opción rápida de cena entre semana.

PARA LAS ALBÓNDIGAS
1 huevo, batido
Un chorrito de leche
50 g (2 oz) de pan duro, desmigajado
200 g (7 oz) de carne de cerdo, picada
2 cucharadas de perejil de hoja plana, picado
1 diente de ajo, rallado
2 cucharadas de piñones (opcional)
Una pizca de canela molida
Sal y pimienta blanca, al gusto

PARA LA PAELLA
2 litros (8 tazas) de caldo de cerdo (receta casera en la p. 157)
0,4 g de azafrán (véase la guía de medidas de la p. 33)
120 ml (½ taza) de aceite de oliva virgen extra
1 cebolla amarilla, en cuñas
150 g (5 oz) de judías verdes, en trozos grandes
5 dientes de ajo, picados finos
1 cucharada de pimentón dulce ahumado
1 tomate, rallado
400 g (2 tazas) de arroz para paella
Sal, al gusto

Primero elabora las albóndigas. Mezcla el huevo con la leche, añade el pan desmenuzado y déjalo en remojo 10 minutos. Añade la mezcla a un bol con el resto de los ingredientes para las albóndigas y amasa 1 minuto. Forma 10-12 bolitas.

Calienta el caldo en un cazo a fuego lento y añade el azafrán desmenuzado. Mantenlo caliente a fuego mínimo.

Calienta el aceite en una paellera a fuego medio y añade las albóndigas y la cebolla. Fríe 2 minutos por cada lado, luego agrega las judías y sofríelas 3 minutos hasta que estén doradas. Sálalo.

Añade el ajo, seguido del pimentón y el tomate, y sofríe unos 2 minutos hasta que el aceite comience a separarse de la pasta de tomate. Agrega el arroz y remueve 2 minutos, hasta que todo el arroz se recubra con el aceite.

Añade el caldo caliente con cuidado y remueve bien para distribuir el arroz de manera uniforme. Prueba y ajusta de condimento si es necesario. Cocina a fuego alto los primeros 10 minutos, luego baja el fuego a media potencia y cocina otros 9 minutos, sin remover. Deja reposar apartado del fuego 5 minutos antes de comer.

ARROZ CON ALUBIAS Y NABOS
ARRÒS AMB FESOLS I NAPS

6 RACIONES **PREPARACIÓN 15 MIN, MÁS REMOJO** **COCCIÓN 2 H 40 MIN**

Junto con la Paella valenciana y el Arroz al horno (páginas 52 y 63), esta es una de las tres mejores paellas en términos de popularidad y por lo ampliamente cocinada en los hogares de toda Valencia. Es sustanciosa, suave y caldosa, y es un plato recurrente para celebrar las festividades locales en los pueblos de toda la región.

300 g (1¾ tazas) de alubias blancas
200 g (7 oz) de panceta
1 codillo de cerdo, partido por la mitad
1 pie de cerdo, partido por la mitad a lo largo
100 ml (½ taza escasa) de aceite de oliva
1½ cucharadas de pimentón dulce ahumado
2 tomates, rallados
5 litros (20 tazas) de agua
0,3 g de azafrán (véase la guía de medidas de la p. 33)
2 colinabos, en trozos grandes
2 nabos, en trozos grandes
2 salchichas de cerdo
2 morcillitas
400 g (2 tazas) de arroz para paella
Sal, al gusto

La víspera, pon las alubias con la panceta, el codillo y la manita de cerdo en una olla grande con agua fría y déjalo en remojo toda la noche; cuando vayas a cocinar el plato, escúrrelo.

Pon al fuego una cazuela grande, a potencia media. Añade el aceite y el pimentón y sofríe 30 segundos. Agrega el tomate, sofríelo 3 minutos y luego añade el agua. Agrega las alubias escurridas, la carne, el azafrán y sal al gusto, y cuece a fuego lento 2 horas.

Añade el colinabo, el nabo, las salchichas y las morcillas y cocina a fuego lento otros 15 minutos. En esta etapa, el líquido debería haberse reducido a la mitad.

Prueba y rectifica de condimento si es necesario. Agrega el arroz y cocínalo a fuego medio 18 minutos, agitando la olla con frecuencia para que el arroz libere su almidón y espese el caldo. ¡Disfrútalo sin demora!

NOTA
La receta tradicional incluye cardo comestible, pero como es difícil de encontrar fuera de España, no lo he incluido aquí. Pero si puedes conseguirlo, ¡pruébalo!

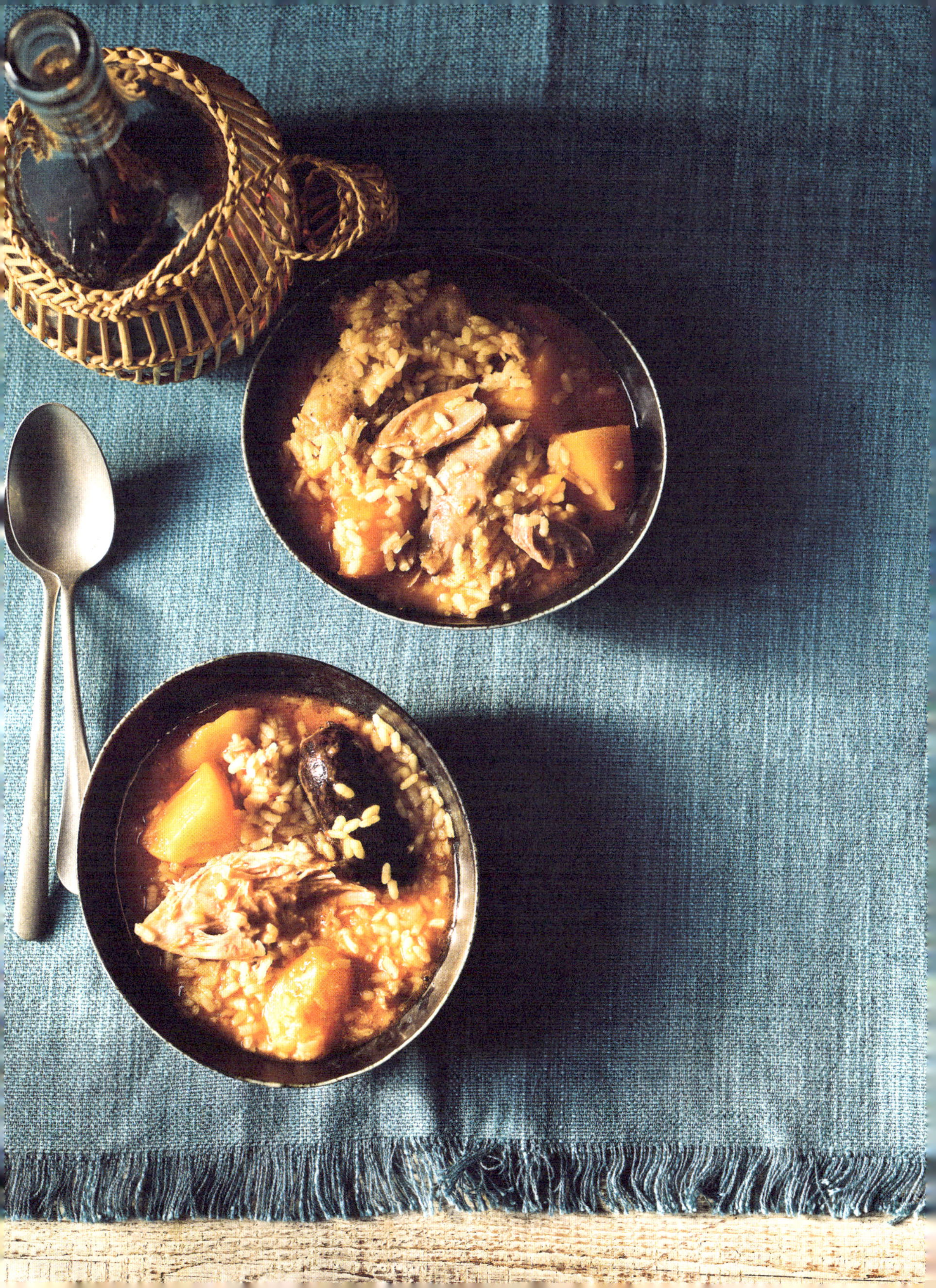

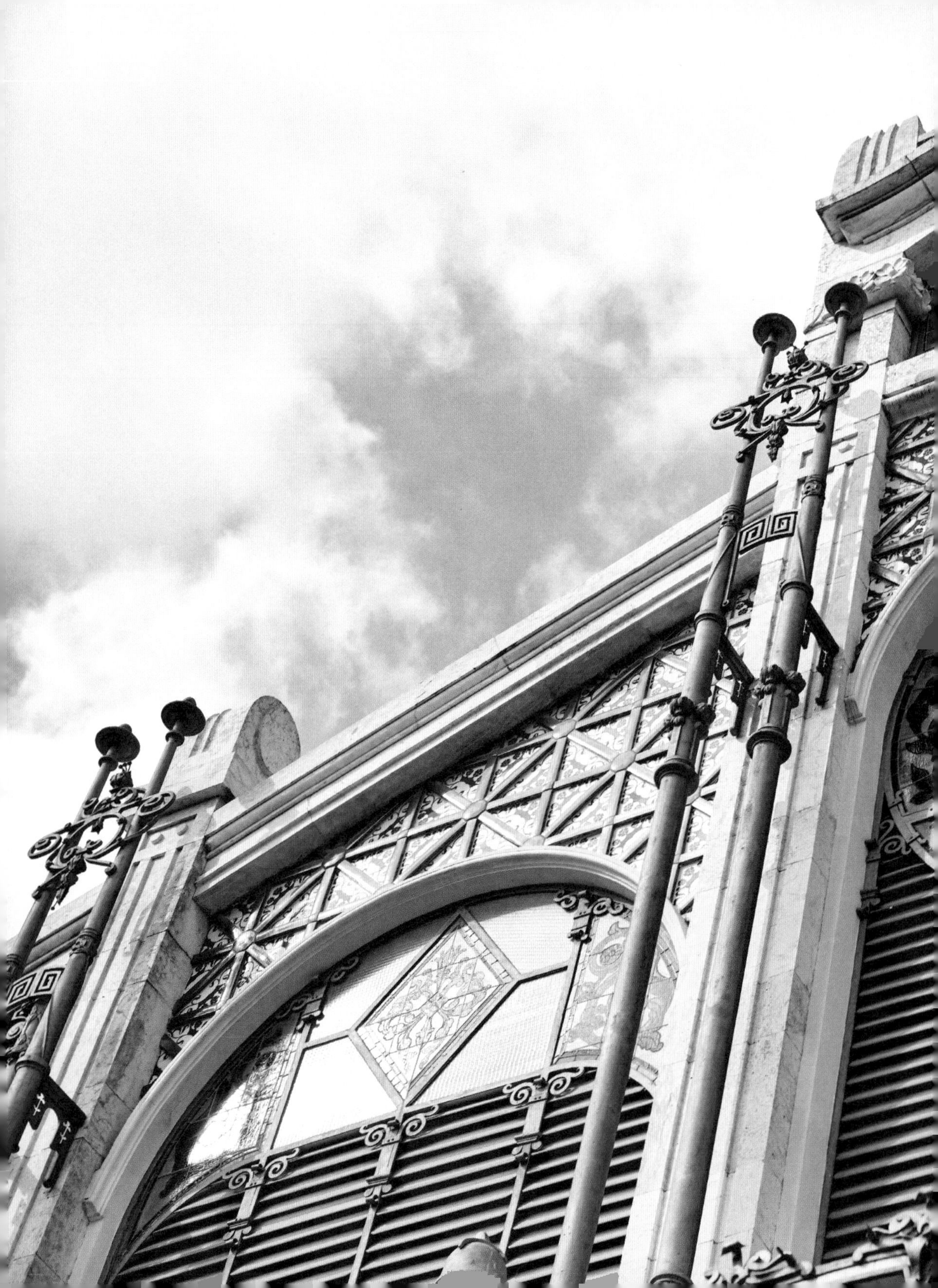

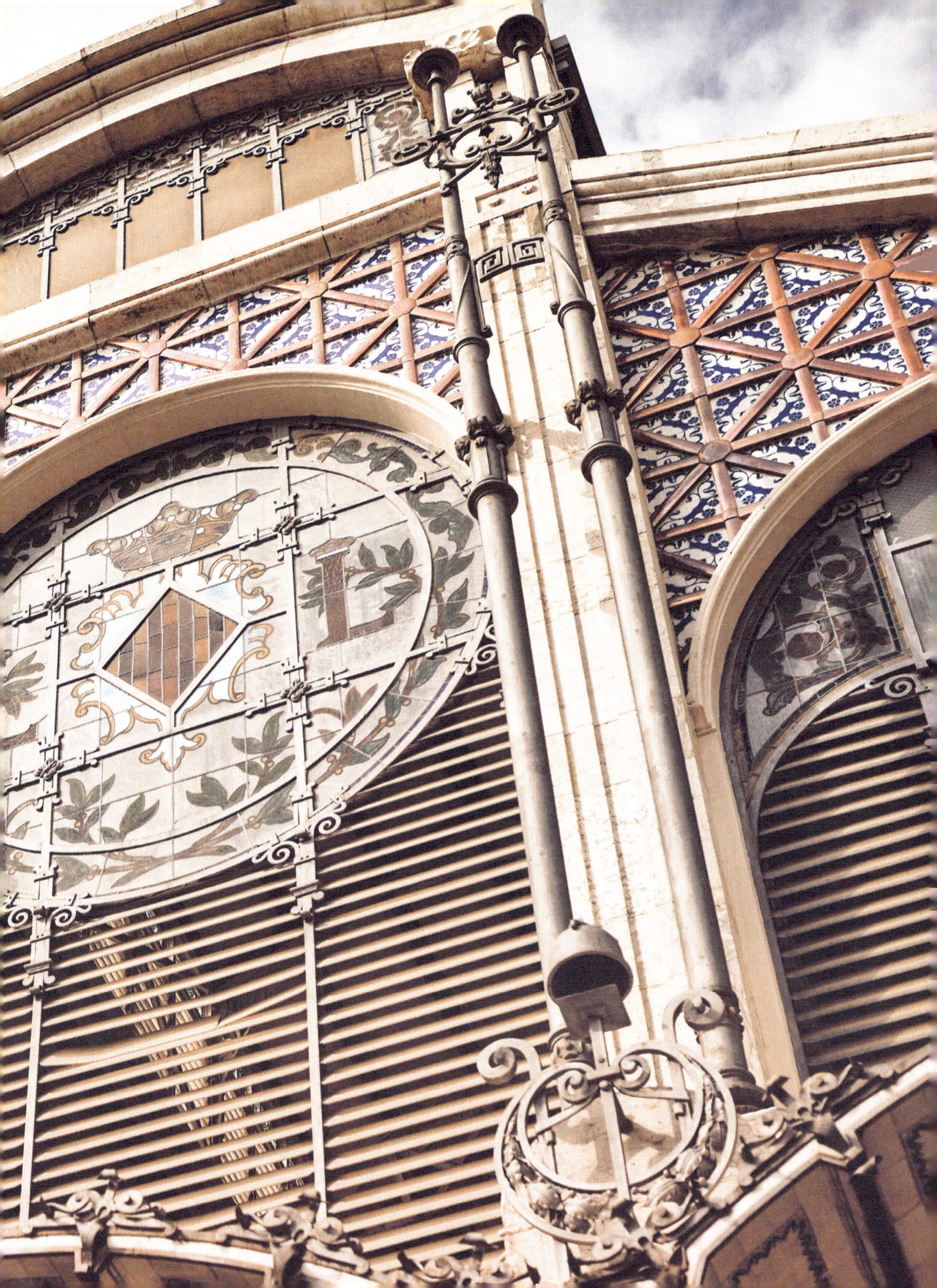

PAELLA MIXTA

4 RACIONES   **PREPARACIÓN 30 MIN**   **COCCIÓN 45 MIN**

¡Lo mejor de ambos mundos! Esta es la paella más vendida en mis restaurantes porque ofrece a los clientes un poco de todo. Es raro encontrar una combinación semejante en Valencia, pero es más popular en Alicante. Esta paella en particular era la favorita de mi abuelo.

2 litros (8 tazas) de caldo de marisco (receta casera en la p. 160)
0,4 g de azafrán (véase la guía de medidas de la p. 33)
120 ml (½ taza) de aceite de oliva virgen extra
1 ñora deshidratada
2 tomates
4 gambas crudas grandes, con piel
2 muslos de pollo, cortados en 2 trozos cada uno
200 g (7 oz) de calamar, limpio y en rodajas
6 dientes de ajo, picados finos
1 cucharadita de pimentón dulce ahumado
440 g (2¼ tazas) de arroz para paella
200 g (7 oz) de mejillones, limpios
Sal, al gusto

Calienta el caldo en un cazo y añade el azafrán desmenuzado. Mantenlo caliente a fuego mínimo.

Coloca una paellera a fuego bajo y añade el aceite y la ñora. Fríe 3 minutos, luego retira la ñora y tritúrala con los tomates usando una batidora o procesador de alimentos; reserva para más tarde. Sube el fuego a medio, agrega las gambas y cocínalas por un lado solo 2 minutos, luego retíralas de la sartén y reserva. Añade el pollo y fríelo 10 minutos hasta que esté dorado por todos lados. Finalmente, añade los calamares y saltéalos unos 5 minutos o hasta que se doren. Sálalo.

Añade el ajo, seguido del pimentón y la pasta de tomate y ñora. Sofríe unos 2 minutos hasta que el aceite comience a separarse de la pasta de tomate. Agrega el arroz y remueve 2 minutos para que el arroz se recubra con el aceite.

Añade el caldo caliente con cuidado a la sartén y remueve para distribuir el arroz de manera uniforme, luego prueba el caldo y rectifica de condimento si es necesario. Cocina a fuego fuerte 10 minutos, luego reduce el fuego a bajo y cuece otros 5 minutos, sin remover. Agrega los mejillones y las gambas, con el lado cocido hacia arriba, y cuece 4 minutos más. Deja reposar el arroz apartado del fuego 5 minutos antes de comer.

ARROZ DE COSTILLA, COLIFLOR Y SALCHICHA

4 RACIONES   **PREPARACIÓN 30 MIN**   **COCCIÓN 45 MIN**

La coliflor es una verdura complicada; a muchas personas no les gusta debido a su aroma una vez hervida. Me parece que tiene mucho mejor sabor cuando se asa, se fríe o se cocina a la plancha, que en esencia es lo que haces al cocerla en una paella. Pruébalo.

1,5 litros (6 tazas) de caldo de pollo (receta casera en la p. 158)
0,2 g de azafrán (véase la guía de medidas de la p. 33)
120 ml (½ taza) de aceite de oliva virgen extra
700 g (1½ lb) de costillas de cerdo
300 g (10 oz) de salchichas de cerdo
1 cabeza de ajos entera, los dientes pelados
1 coliflor pequeña, las hojas reservadas, troceada en cabezuelas y el tallo troceado
1 cebolla amarilla, picada fina
1 cucharadita de pimentón dulce ahumado
1 tomate, rallado
400 g (2 tazas) de arroz para paella
Sal, al gusto

Calienta el caldo en un cazo pequeño a fuego lento, añade el azafrán desmenuzado y mantenlo caliente a potencia mínima.

Calienta el aceite en una paellera a prueba de horno a fuego alto y añade las costillas. Fríelas 5 minutos, luego agrega las salchichas, los dientes de ajo, las cabezuelas y el tallo picado de la coliflor y la cebolla. Fríelo otros 5 minutos hasta que los ingredientes se doren bien.

Añade el pimentón y el tomate rallado y sofríe 2 minutos hasta que el aceite empiece a separarse de la pasta de tomate. Agrega las hojas de coliflor y el arroz y remueve 2 minutos, hasta que el arroz se recubra con el aceite.

Añade el caldo caliente con cuidado a la sartén y remueve para distribuir el arroz de manera uniforme. Prueba el caldo y rectifica de condimento si lo crees necesario. Cocina a fuego fuerte 9 minutos mientras precalientas el horno a 240 °C / 425 °F / gas potencia 8.

Pasa la paella al horno los 8 minutos finales. Retira del horno y deja reposar 5 minutos antes de disfrutarla.

ARROZ DE CERDO Y ALCACHOFA

4 RACIONES   **PREPARACIÓN 20 MIN**   **COCCIÓN 40 MIN**

Una delicia de paella con carne de cerdo, pimiento rojo, judías verdes y alcachofas, muy fácil de cocinar. Se elabora con un caldo sutil que permite que brillen todos los sabores.

2 litros (8 tazas) de caldo de cerdo (receta casera en la p. 157)
0,4 g de azafrán (véase la guía de medidas de la p. 33)
1 chuleta de cerdo
120 ml (½ taza) de aceite de oliva virgen extra
½ pimiento rojo, en rodajas
4 alcachofas, en cuartos
1 cebolla amarilla, en dados
150 g (5 oz) de judías verdes, cortadas por la mitad
8 dientes de ajo, picados finos
1 cucharadita de pimentón dulce ahumado
1 tomate, rallado
440 g (2¼ tazas) de arroz para paella
Sal, al gusto
Cuñas de limón, parar servir

Calienta el caldo en un cazo a fuego lento y añade el azafrán desmenuzado. Mantenlo caliente a fuego mínimo.

Sazona generosamente la chuleta de cerdo por ambos lados. Calienta el aceite en una paellera a fuego fuerte. Sosteniéndola con pinzas, sella y dora la grasa de la chuleta de cerdo, luego cocínala por cada lado 3 minutos. Déjala reposar en un lugar caliente.

Añade el pimiento y las alcachofas a la sartén y saltéalos 4 minutos antes de agregar la cebolla. Sofríe otros 2 minutos, luego añade las judías verdes y sala. Deja caramelizar otros 3 minutos.

Añade el ajo, seguido del pimentón y el tomate, y sofríe unos 2 minutos hasta que el aceite comience a separarse de la pasta de tomate. Agrega el arroz y remueve 2 minutos, hasta que se recubra con el aceite.

Añade el caldo caliente con cuidado a la sartén y remueve para distribuir el arroz de manera uniforme. Prueba y rectifica de condimento si es necesario. Cocina a fuego alto los primeros 10 minutos, luego baja el fuego a media potencia y cocina otros 9 minutos, sin remover. Corta la carne de cerdo y disponla sobre el arroz mientras termina de cocinarse.

Deja reposar apartado del fuego 5 minutos antes de servir con las cuñas de limón.

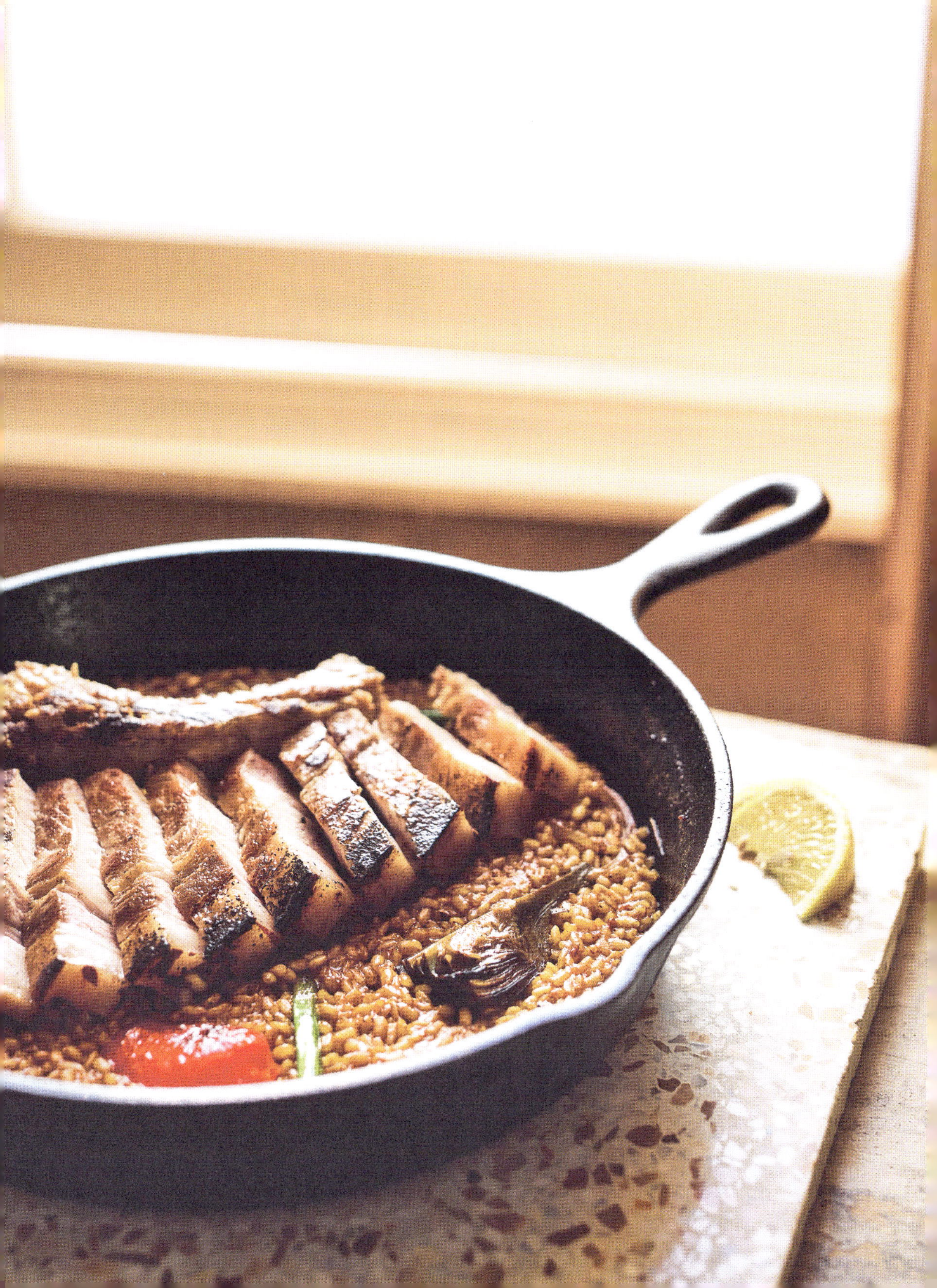

ARROZ MELOSO CON ALCACHOFAS Y JAMÓN

2 RACIONES   PREPARACIÓN 15 MIN   COCCIÓN 45 MIN

Probablemente hayas notado que las alcachofas son la hortaliza más utilizada en este libro; no se debe únicamente a que sean una de mis verduras favoritas, sino también a que aportan mucho sabor a las paellas. He añadido otro elemento de gran sabor, el jamón, que por suerte ya se puede encontrar en cualquier supermercado del mundo. Le da un sabor fantástico a cualquier cosa a la que lo agregues.

2 litros (8 tazas) de caldo vegetal (receta casera en la p. 163)
0,4 g de azafrán (véase la guía de medidas de la p. 33)
160 ml (⅔ de taza generosos) de aceite de oliva virgen extra
4 alcachofas, en cuartos
120 g (4 oz) de jamón serrano, en lonchas finas
6 dientes de ajo, en láminas
1 cucharadita de pimentón dulce ahumado
1 tomate, rallado
360 g (1¾ tazas) de arroz para paella
100 ml (½ taza escasa) de vino blanco
1 ramita de romero, sólo las hojas

Calienta el caldo de verduras en un cazo a fuego lento y añade el azafrán desmenuzado. Mantenlo caliente a fuego mínimo.

Calienta el aceite en una paellera a fuego fuerte, añade las alcachofas y fríelas 5 minutos hasta que se doren. Añade el jamón y el ajo y saltéalos 2 minutos o hasta que el ajo adquiera un poco de color.

Añade el pimentón, seguido del tomate, y sofríe 2 minutos hasta que el aceite comience a separarse de la pasta de tomate. Agrega el arroz y remueve 2 minutos, hasta que todo se recubra con el aceite. Añade el vino para desglasar el fondo de la sartén.

Agrega con cuidado el caldo caliente y el romero a la sartén y mézclalo todo bien. Prueba y rectifica de condimento y cocina a fuego fuerte 5 minutos, luego reduce el fuego a bajo y cuece 12 minutos, removiendo con frecuencia. ¡Sirve inmediatamente y disfruta!

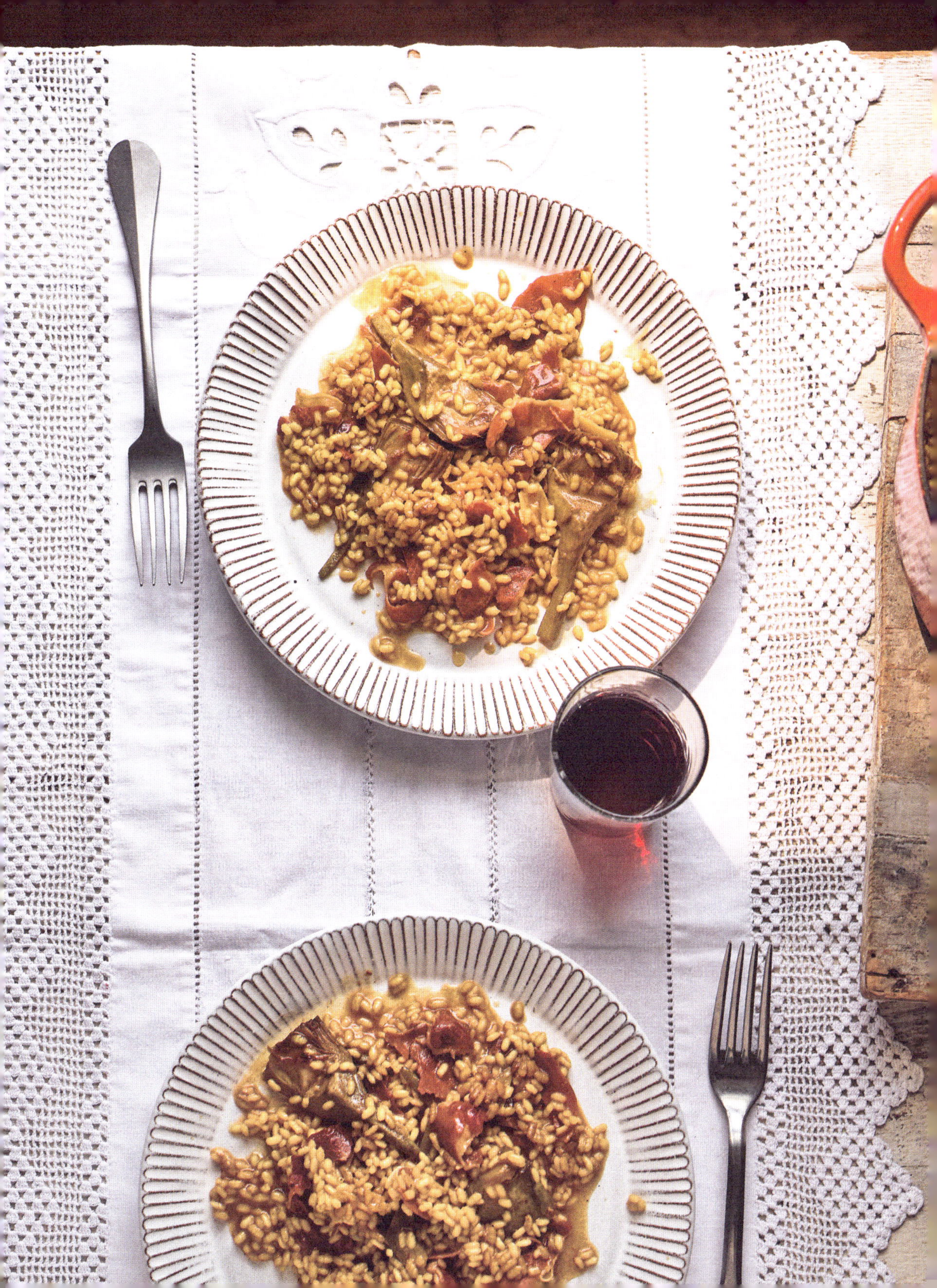

ARROCES DE PESCADO

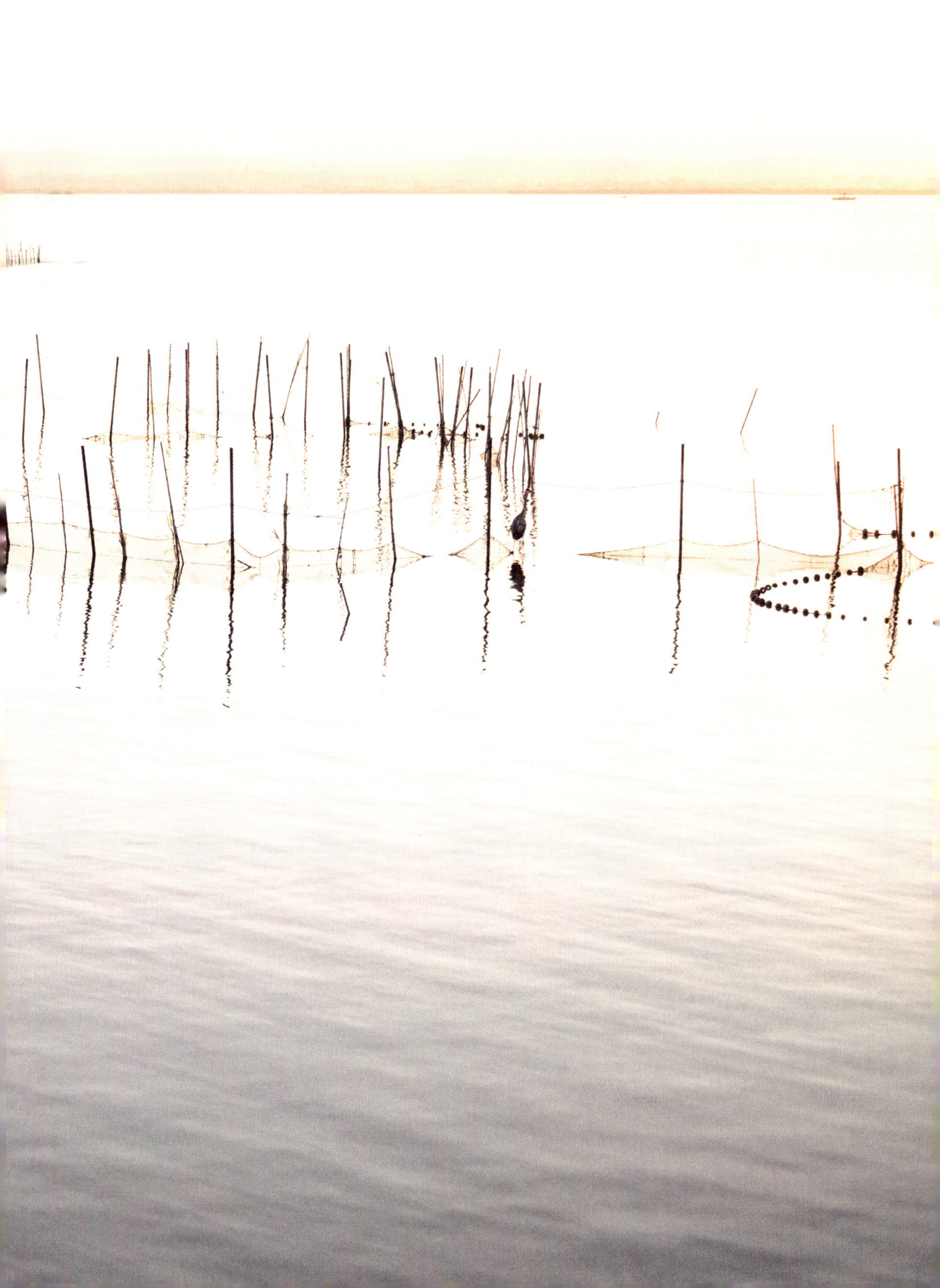

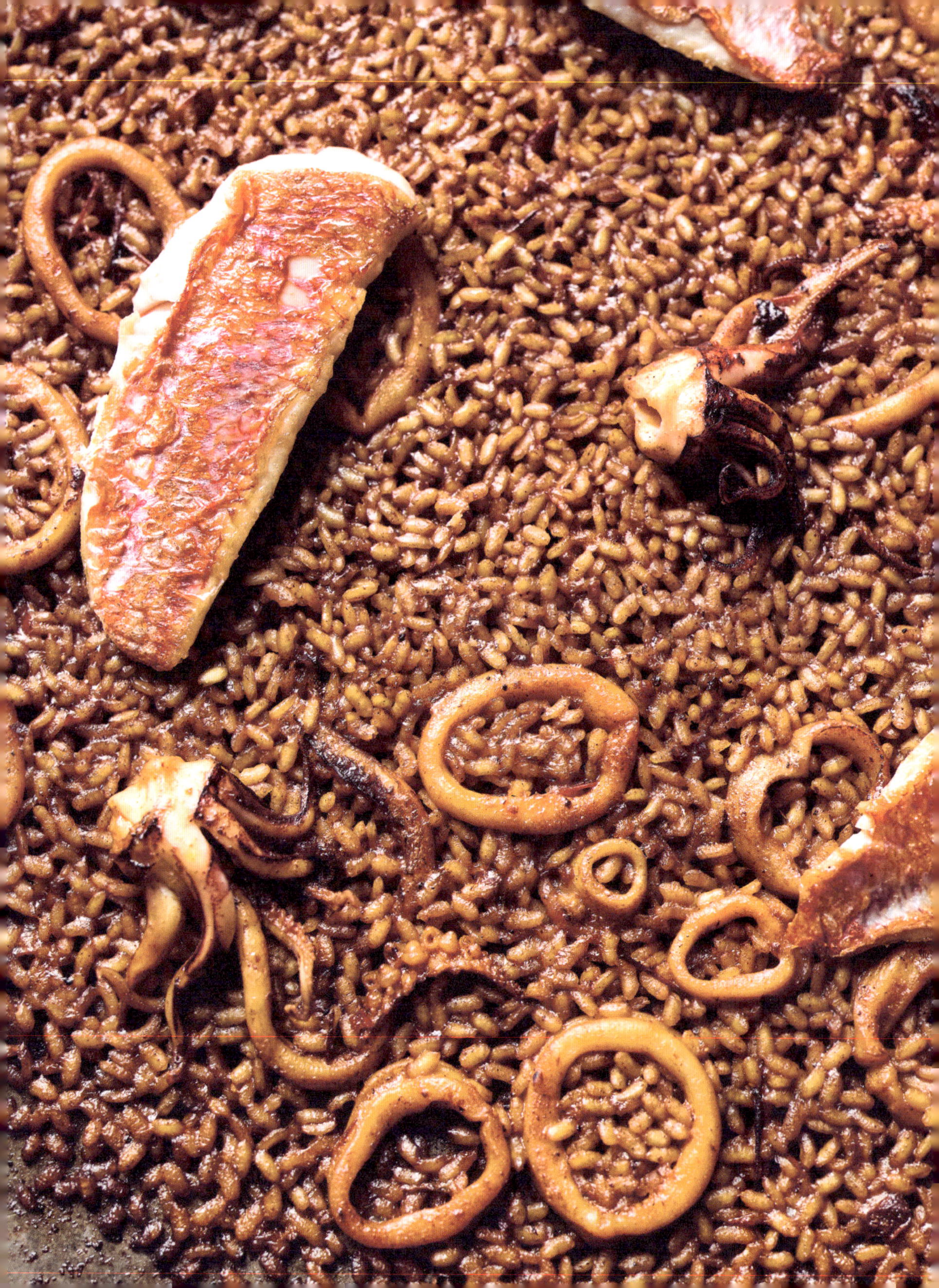

ARROZ DE SALMONETE Y CALAMAR

4 RACIONES   **PREPARACIÓN 15 MIN**   **COCCIÓN 30 MIN**

Me encanta el salmonete; me transporta instantáneamente a España, ya que es un pescado que comí mucho de niño. Posee un sabor especial y con la cabeza y las espinas se hace un caldo muy rico, así que guárdalos si lo fileteas tú mismo, o pídele al pescadero que te los dé. Esta paella me gusta con una cucharada de alioli.

2 litros (8 tazas) de caldo de pescado hecho con la espina del salmonete (véase la p. 159)
0,4 g de azafrán (véase la guía de medidas de la p. 33)
120 ml (½ taza) de aceite de oliva virgen extra
4 salmonetes, en filetes (reserva las espinas para el caldo)
2 ñoras deshidratadas
2 tomates
500 g (1 lb 2 oz) de calamar, limpio y en rodajas
6 dientes de ajo, picados finos
1 cucharadita de pimentón ahumado
440 g (2¼ tazas) de arroz para paella
Sal, al gusto
Alioli, para servir (receta casera en la p. 166)

Calienta el caldo de pescado en un cazo a fuego lento y añade el azafrán desmenuzado. Mantenlo caliente a fuego mínimo.

Añade la mitad del aceite en una paellera y ponla a fuego medio. Agrega los salmonetes, con la piel hacia abajo y fríelos 30 segundos. Retira y reserva.

Añade el aceite restante a la paellera y fríe las ñoras a fuego lento 2 minutos. Retíralas del aceite y tritúralas con los tomates en la batidora o procesador de alimentos; reserva para más tarde.

Añade los calamares y saltéalos unos 5 minutos a fuego fuerte o hasta que se doren. Sálalos. Agrega el ajo, seguido del pimentón y la pasta de tomate y ñora, y sofríe unos 2 minutos hasta que el aceite comience a separarse de la pasta de tomate. Añade el arroz y remueve 2 minutos, hasta que se recubra con el aceite.

Agrega el caldo caliente con cuidado a la sartén y remueve bien para distribuir el arroz de manera uniforme. Prueba y rectifica de condimento si es necesario. Cocina a fuego alto los primeros 10 minutos, luego baja el fuego a medio y cuece otros 5 minutos, sin remover. Coloca los filetes de salmonete reservados con la piel hacia arriba sobre la paella. Deja que se cocinen los últimos 2 minutos, luego deja reposar el arroz apartado del fuego 5 minutos antes de comer.

ARROZ DEL SEÑORITO
ARRÒS DEL SENYORET

2 RACIONES   **PREPARACIÓN 20 MIN**   **COCCIÓN 40 MIN**

Esta es la paella que encontrarás en los menús de la mayoría de los restaurantes de paella junto al mar. Se le llama arroz del *senyoret* (señorito) porque, en su día, los señores exigían que su comida estuviera preparada de modo que no tuvieran que ensuciarse las manos, por lo que se pelan las gambas. Esta receta depende en gran medida del sabor del caldo, de manera que hay que dejar reducir el caldo de marisco para maximizar el sabor.

2 litros (8 tazas) de caldo de marisco (receta casera en la p. 160)
0,3 g de azafrán (véase la guía de medidas de la p. 33)
100 ml (½ taza escasa) de aceite de oliva
1 calamar (unos 600 g /1 lb 5 oz en total), limpio y cortado en tiras
2 dientes de ajo, picados finos
1 cucharadita de pimentón dulce ahumado
4 cucharadas de salmorreta (véase la p. 164)
330 g (1½ tazas) de arroz para paella
12 gambones o langostinos crudos, pelados y sin cabeza, troceados
200 g (7 oz) de rape, en dados
Sal, al gusto

Añade el caldo a un cazo, agrega el azafrán desmenuzado y ponlo a fuego medio hasta que el líquido se haya reducido a 1,2 litros (5 tazas), esto aportará la intensidad adicional que requiere este plato.

Calienta el aceite en una paella grande a fuego fuerte y fríe los calamares 5 minutos hasta que estén dorados. Añade el ajo, seguido del pimentón y la salmorreta, y sofríe unos 2 minutos hasta que el aceite empiece a separarse de la pasta de tomate. Agrega el arroz y remueve 2 minutos, hasta que se recubra con el aceite.

Añade con cuidado el caldo caliente a la paella y mezcla bien para distribuir el arroz de manera uniforme. Prueba y rectifica de condimento si es necesario. Cocina a fuego alto 10 minutos, luego agrega los trozos de gambones y rape, y sigue cocinando a fuego lento otros 9 minutos, sin remover. Deja reposar el arroz apartado del fuego 5 minutos antes de servir.

NOTA
Puedes añadir mejillones u otros mariscos, siempre y cuando retires la cáscara.

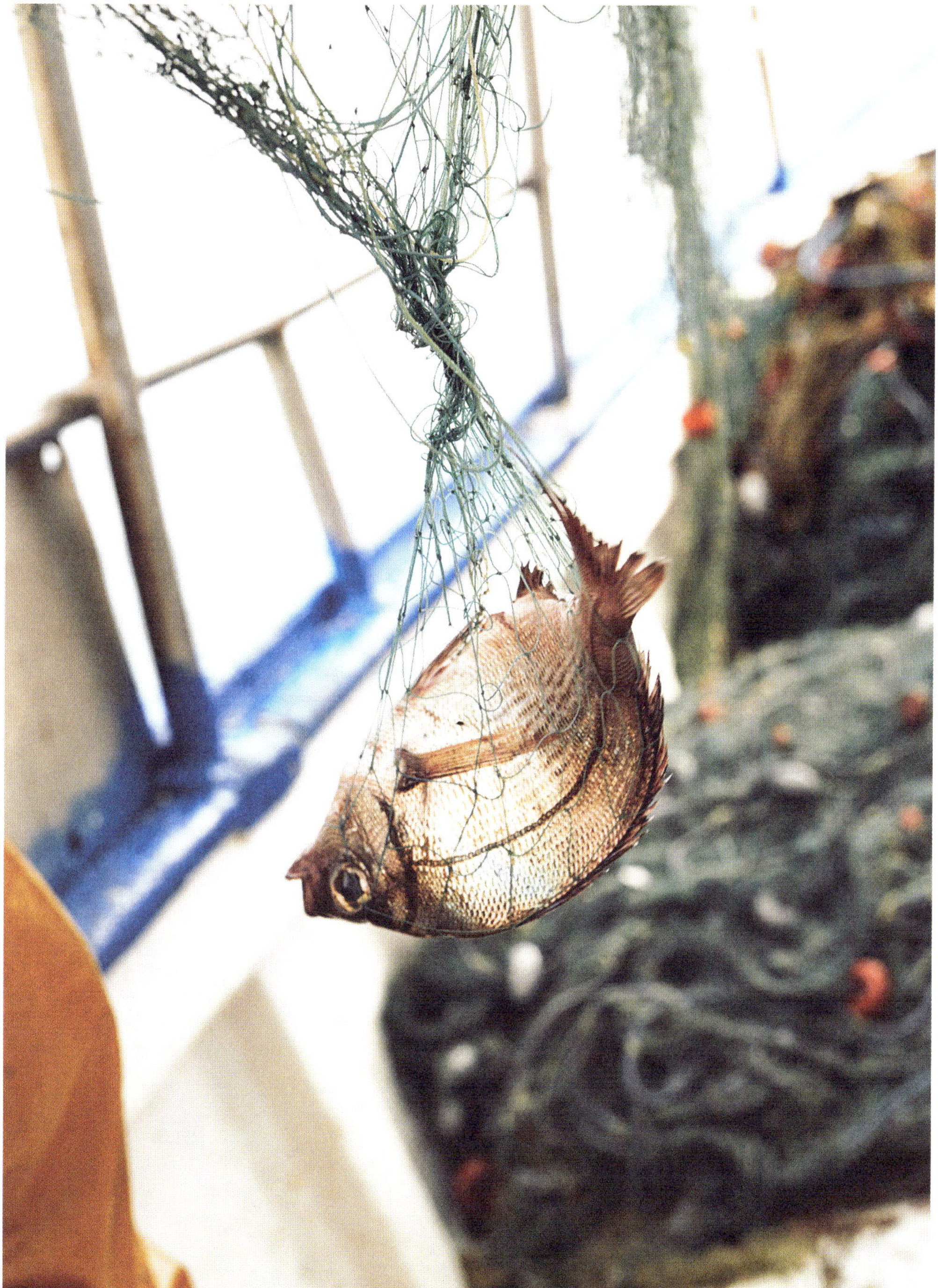

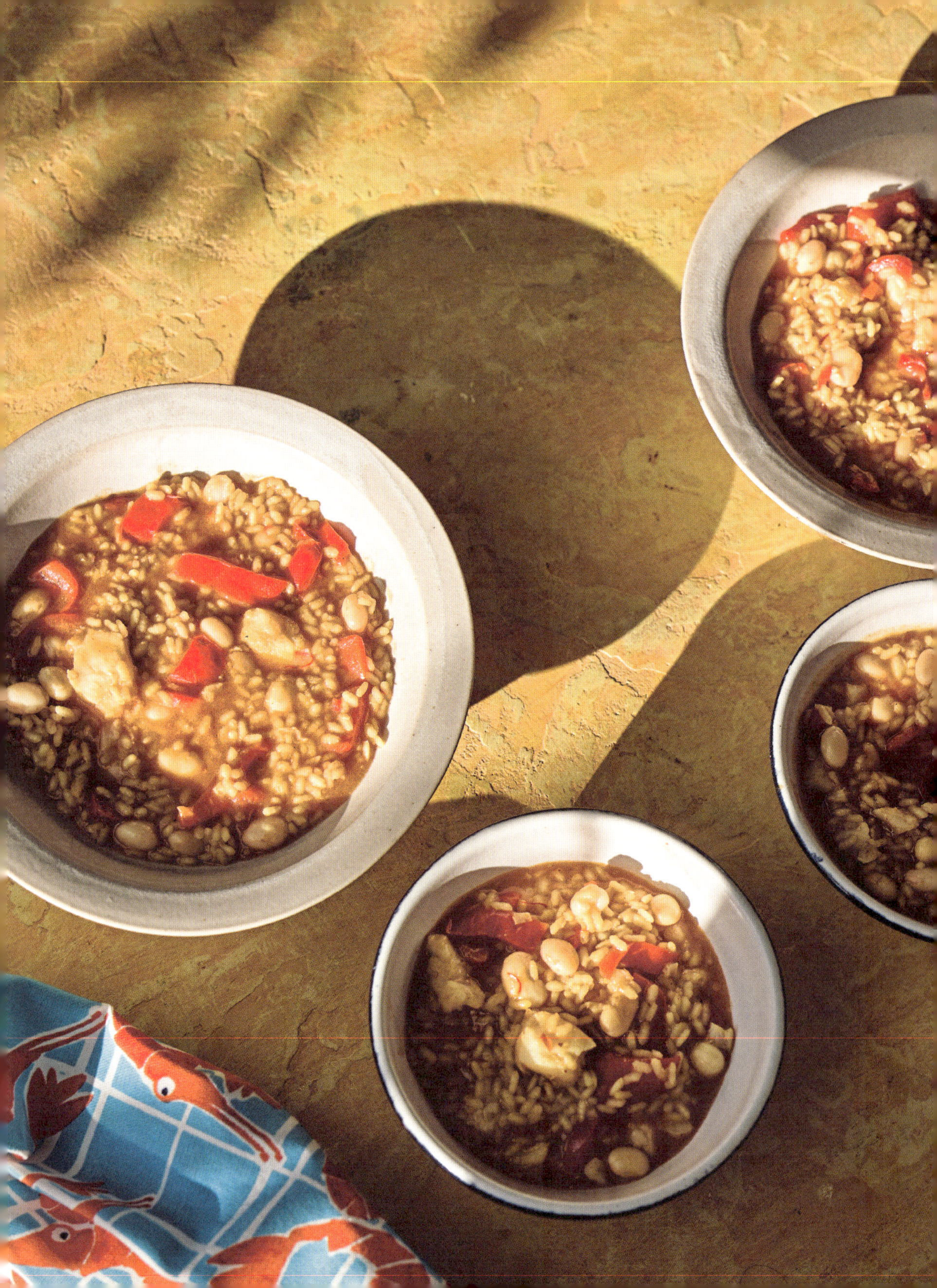

ARROZ EMPEDRADO

4 RACIONES   **PREPARACIÓN 15 MIN, MÁS REMOJO**   **COCCIÓN 45 MIN**

Es tradición comer este arroz en Semana Santa, cuando los cristianos evitan comer carne. El bacalao es un pescado de agua fría que siempre ha sido apreciado en España. Solía pescarse en aguas atlánticas frente a las costas del norte de Europa y se salaba a bordo para conservarlo para su uso durante todo el año.

300 g (10 oz) bacalao salado
1,5 litros (6 tazas) de caldo de pescado (receta casera en la p. 159)
0,4 g de azafrán (véase la guía de medidas de la p. 33)
160 ml (⅔ de taza generosos) de aceite de oliva
1 pimiento rojo, sin semillas y en tiras
400 g (14 oz) de alubias blancas enlatadas, aclaradas y escurridas
4 dientes de ajo, picados finos
1 cucharadita de pimentón dulce ahumado
1 tomate grande, rallado
360 g (1¾ tazas) de arroz para paella

La víspera, pon el bacalao salado en un recipiente grande con agua y mantenlo en remojo 24 horas, cambiando el agua tres veces. Cuando vayas a cocinar, retíralo del agua y córtalo en trozos grandes.

Calienta el caldo en un cazo a fuego lento y añade el azafrán desmenuzado. Mantenlo caliente a fuego mínimo.

Añade el aceite en una paellera mediana a fuego medio. Agrega el pimiento y fríelo 5 minutos, luego añade las alubias, el ajo, el pimentón y el tomate. Sofríe unos 2 minutos hasta que el aceite comience a separarse de la pasta de tomate. Añade el arroz y remueve 2 minutos, hasta que se recubra con el aceite.

Finalmente, añade el caldo caliente, sube el fuego y cocina 5 minutos. Baja el fuego y agrega los trozos de bacalao. Deja que hierva a fuego lento 11 minutos más, removiendo con cuidado cada cierto tiempo (para que el bacalao no se desmigaje). Deja reposar 3 minutos antes de disfrutar del plato.

ARROZ NEGRO

4 RACIONES   PREPARACIÓN 20 MIN   COCCIÓN 30 MIN

Este plato de arroz de color negro es literalmente el mar en la mesa. Cocinado con gambas, calamares y su tinta, es el plato perfecto para ocasiones especiales. En mi familia lo comemos el 6 de enero, cuando celebramos el día de Reyes. Guardo recuerdos particularmente agradables de esta receta; siempre era mi tía Tata quien cocinaba, pero, por supuesto, yo estaba en la cocina para echarle una mano.

2 litros (8 tazas) de caldo de marisco (receta casera en la p. 160)
0,4 g de azafrán (véase la guía de medidas de la p. 33)
120 ml (½ taza) de aceite de oliva virgen extra
2 ñoras deshidratadas
2 tomates
1 kg (2 lb 4 oz) de sepia, limpia y cortada en tiras pequeñas
8 dientes de ajo, pelados
1 cucharadita de pimentón dulce ahumado
3 bolsitas de tinta de calamar
440 g (2¼ tazas) de arroz para paella
1 kg (2 lb 4 oz) de gambas rojas, peladas (con cabezas)
Sal, al gusto

Calienta el caldo en un cazo a fuego lento y añade el azafrán desmenuzado. Mantenlo caliente a fuego mínimo.

Coloca una paellera a fuego lento, añade el aceite y fríe las ñoras 2 minutos. Retíralas del aceite y tritúralas con los tomates usando la batidora o procesador de alimentos; reserva para más tarde.

Sube el fuego y añade la sepia. Saltea unos 5 minutos, o hasta que se dore. Sazona. Añade el ajo, seguido del pimentón, la tinta de calamar y la pasta de tomate y ñora. Sofríe unos 2 minutos hasta que el aceite comience a separarse de la pasta de tomate. Agrega el arroz y remueve 2 minutos, hasta que se recubra con el aceite.

Añade el caldo caliente con cuidado y remueve bien para distribuir el arroz de manera uniforme. Prueba y rectifica de condimento si es necesario. Cocina a fuego fuerte los primeros 10 minutos, luego reduce el fuego a medio y cuece 5 minutos más, sin remover. Coloca las gambas sobre el arroz y agita la sartén para allanar el contenido. Mantén en el fuego 2 minutos y luego deja que el arroz repose apartado del fuego 5 minutos antes de comer.

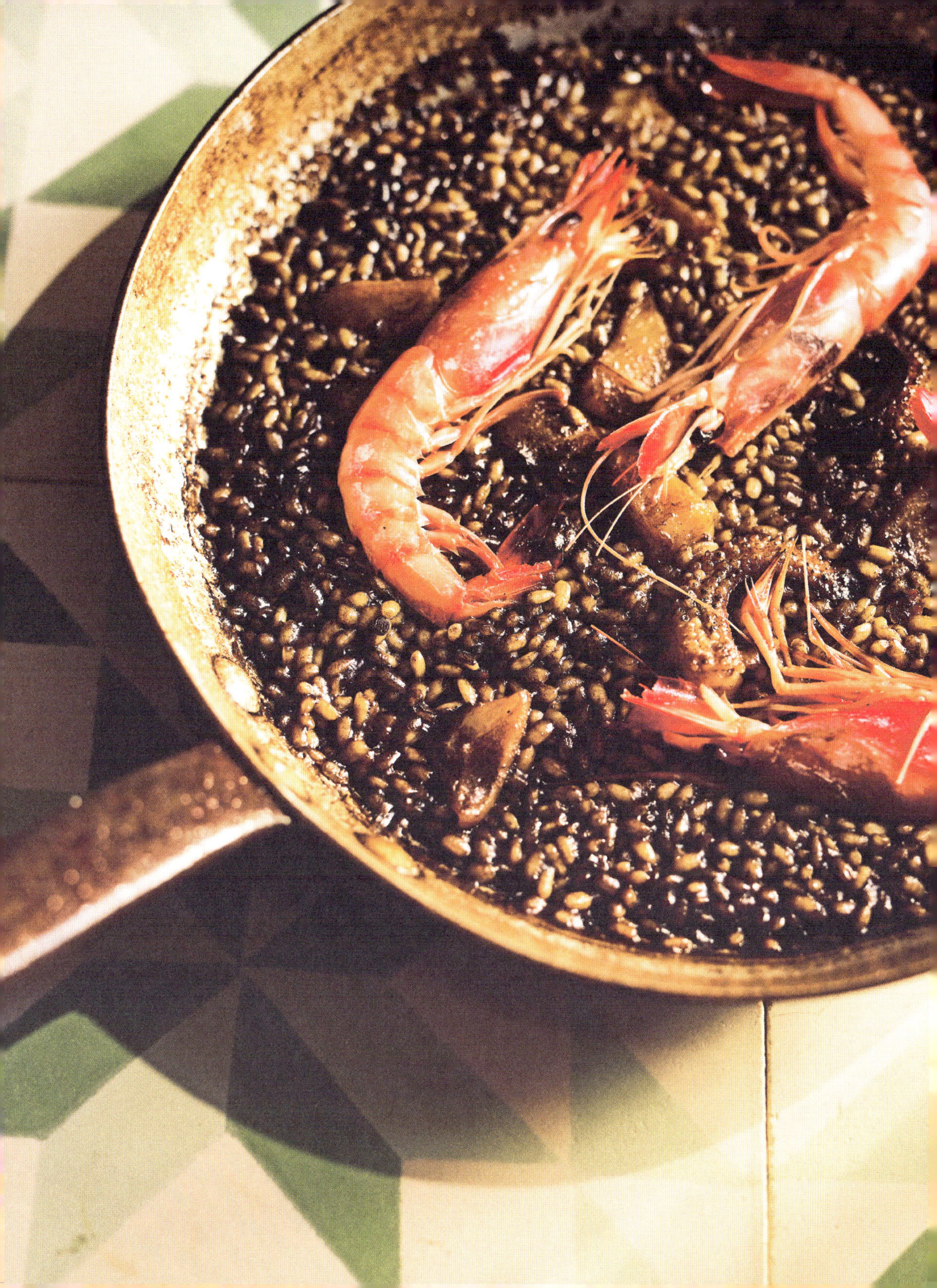

ARROZ DE RAPE Y CHIPIRONES

4 RACIONES **PREPARACIÓN 15 MIN** **COCCIÓN 35 MIN**

Este arroz depende en gran medida de la calidad de los ingredientes, en particular del caldo. Con las cabezas de rape se obtiene el mejor caldo de pescado, en mi opinión, mejor que con espinas de cualquier otro pescado, por lo que vale la pena aprovecharlas para esta receta.

2 litros (8 tazas) de caldo de pescado elaborado con cabezas de rape (véase la p. 159)
0,4 g de azafrán (véase la guía de medidas de la p. 33)
120 ml (½ taza) de aceite de oliva virgen extra
2 ñoras deshidratadas
2 tomates
400 g (14 oz) de chipirones, limpios
400 g (14 oz) de cola de rape, troceada (guarda las cabezas para el caldo)
6 dientes de ajo, picados finos
1 cucharadita de pimentón dulce ahumado
440 g (2¼ tazas) de arroz para paella
Sal, al gusto

Calienta el caldo en un cazo a fuego lento y añade el azafrán desmenuzado. Mantenlo caliente a fuego mínimo.

Coloca una paellera a fuego lento, añade el aceite y las ñoras y fríe 2 minutos. Retira las ñoras del aceite y tritúralas con los tomates en la batidora o procesador de alimentos; reserva para más tarde.

Sube el fuego y añade los chipirones y la cola de rape. Fríelos unos 5 minutos o hasta que se doren, luego retira el rape de la sartén y reserva (deja los chipirones en la sartén). Sazona.

Añade el ajo, el pimentón y la pasta de tomate y ñora a la sartén y sofríe unos 2 minutos hasta que el aceite comience a separarse de la pasta de tomate. Agrega el arroz y remueve 2 minutos, hasta que se recubra con el aceite.

Añade el caldo caliente y remueve bien para distribuir el arroz de manera uniforme. Prueba y rectifica de condimento si es necesario, luego cuece a fuego alto 10 minutos. Esparce las colas de rape por la sartén, sacúdela para allanar el contenido y continúa cocinando a fuego lento 8 minutos más, sin remover. Deja que el arroz repose apartado del fuego 5 minutos antes de comer. ¡Buen provecho!

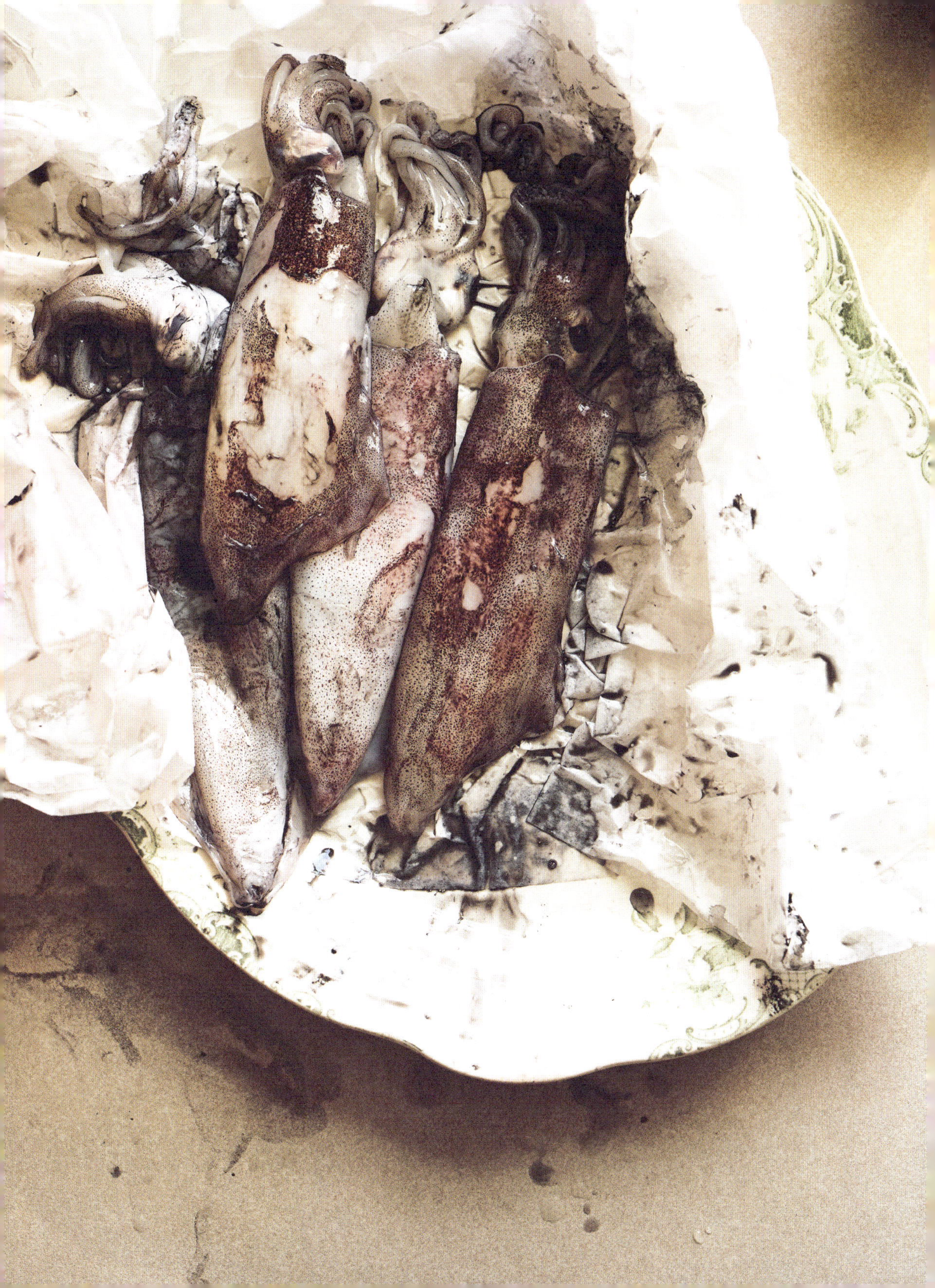

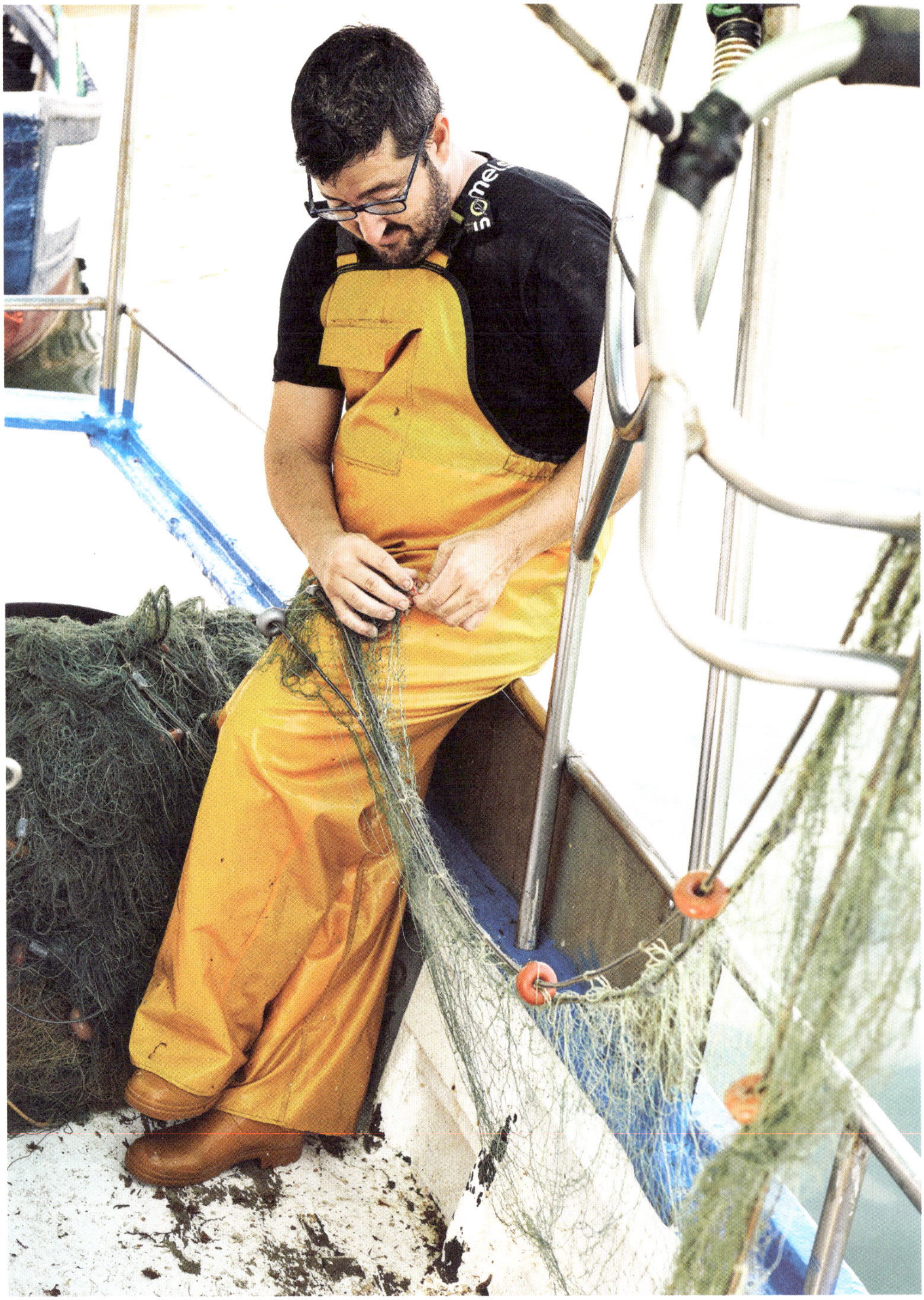

ARROZ MELOSO DE BACALAO Y SEPIA

4 RACIONES **PREPARACIÓN 20 MIN** **COCCIÓN 35 MIN**

Cuando me voy de vacaciones a España, lo que más espero –y lo que realmente me dice que estoy en modo vacaciones– es tomar una tapa de sepia a la plancha. La sepia es la gran desconocida de los mariscos y posee una enorme riqueza de sabor. Me encanta y la uso en lugar de calamar siempre que puedo.

2 litros (6 tazas) de caldo de pescado (receta casera en la p. 159)
0,3 g de azafrán (véase la guía de medidas de la p. 33)
120 ml (½ taza) de aceite de oliva virgen extra
300 g (10 oz) de sepia, limpia y en dados
300 g (10 oz) de judías verdes, en trozos de 3 cm (1¼ in)
8 dientes de ajo, en láminas
1 cucharadita de copos de pimiento secos
1 cucharada de pimentón dulce ahumado
1 tomate, rallado
380 g (1¾ tazas) de arroz para paella
300 g (10 oz) de filete de bacalao, troceado
Sal, al gusto

Calienta el caldo en un cazo a fuego lento y añade el azafrán desmenuzado. Mantenlo caliente a fuego mínimo.

Calienta el aceite en una paellera a fuego alto, añade la sepia y fríela 5 minutos hasta dorarla. Agrega las judías y el ajo y saltea 2 minutos o hasta que el ajo adquiera un poco de color.

Añade los copos de pimiento y 1 minuto después el pimentón y el tomate. Sofríe 2 minutos hasta que el aceite comience a separarse de la pasta de tomate. Agrega el arroz y remueve 2 minutos, hasta que se recubra con el aceite.

Añade el caldo con cuidado a la sartén y agítala, luego prueba y rectifica de condimento si lo crees necesario. Cocina a fuego medio los primeros 10 minutos, después agrega los trozos de bacalao, reduce el fuego y cocina 12 minutos más, removiendo con frecuencia. Sirve inmediatamente.

NOTA
La tinta de sepia es preciosa, así que si consigues hacerte con ella al comprar la sepia, te insto a que la añadas justo antes del arroz. La paella quedará de color gris-marrón, pero el sabor será sublime.

FIDEUÁ

4 RACIONES   **PREPARACIÓN 15 MIN**   **COCCIÓN 20 MIN**

La fideuá es en esencia una paella hecha con fideos en lugar de arroz; en lugar de fideos, se puede preparar con cualquier pasta larga y delgada partida en trozos de 2 cm (¾ in). Al igual que la paella, requiere una paellera grande, pero también se cocina bien en una sartén. Aunque soy un chef profesional, también soy un cocinero casero, así que he buscado todos los atajos para obtener el mejor resultado. Esta receta no solo es una absoluta delicia, sino que además es rápida. Si la ejecutas bien, te volverás tan adicto a ella como yo.

- 1 litro (4 tazas) de caldo de pescado (receta casera en la p. 159)
- 0,3 g de azafrán (véase la guía de medidas de la p. 33)
- 120 ml (½ taza) de aceite de oliva virgen extra
- 400 g (14 oz) de fideos (u otro tipo de pasta delgada y corta)
- 1 ñora deshidratada
- 1 tomate
- 500 g (1 lb 2 oz) de calamar, limpio y cortado en tiras
- 4 dientes de ajo, picados finos
- 1 cucharada de pimentón dulce ahumado
- 10 gambas
- Sal, al gusto
- Alioli, para servir (receta casera en la p. 166)

Calienta el caldo en un cazo a fuego lento y añade el azafrán desmenuzado. Mantenlo caliente a fuego mínimo.

Calienta 50 ml (¼ de taza escasa) de aceite en una paellera a fuego medio y fríe la pasta, removiendo constantemente unos 2 minutos, o hasta que se dore. Retira la pasta y reserva.

Agrega el aceite restante a la sartén y fríe la ñora a fuego lento 2 minutos. Retira la ñora del aceite y tritúrala con el tomate usando una batidora o procesador de alimentos; reserva para más tarde.

Sube el fuego, añade el calamar a la sartén y saltéalo unos 5 minutos, o hasta que esté dorado. Sálalo generosamente. Añade el ajo, seguido del pimentón y la pasta de tomate y ñora, y sofríe 2 minutos, hasta que el aceite comience a separarse de la pasta de tomate.

Agrega el caldo caliente a la sartén. Prueba y rectifica de condimento, luego añade la pasta, mezcla bien y cocina a fuego fuerte 3 minutos. Añade las gambas y cuece 3 minutos más, sin remover, hasta que en el fondo se haya formado un socarrat crujiente. Disfruta con una buena cucharada de alioli.

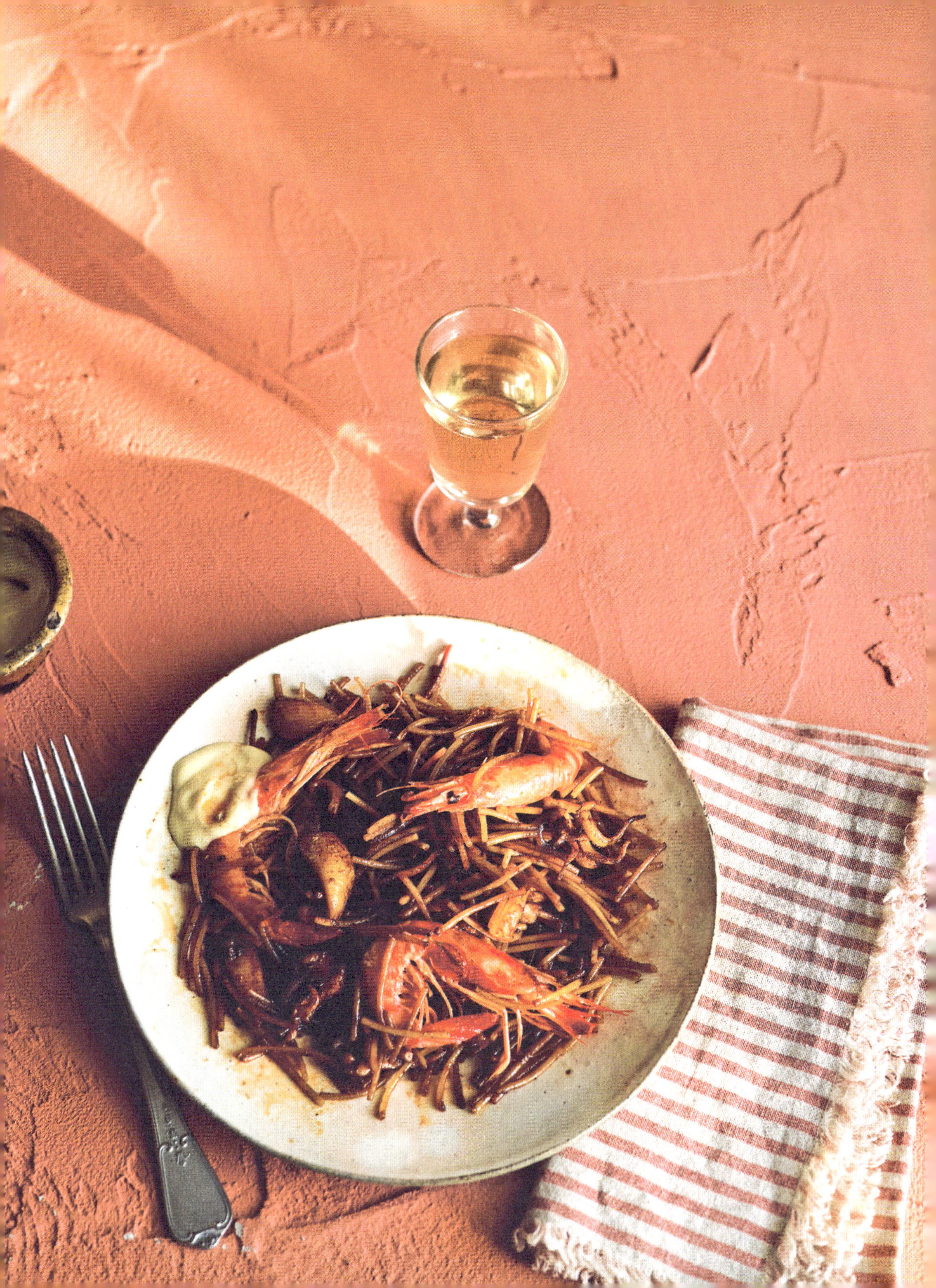

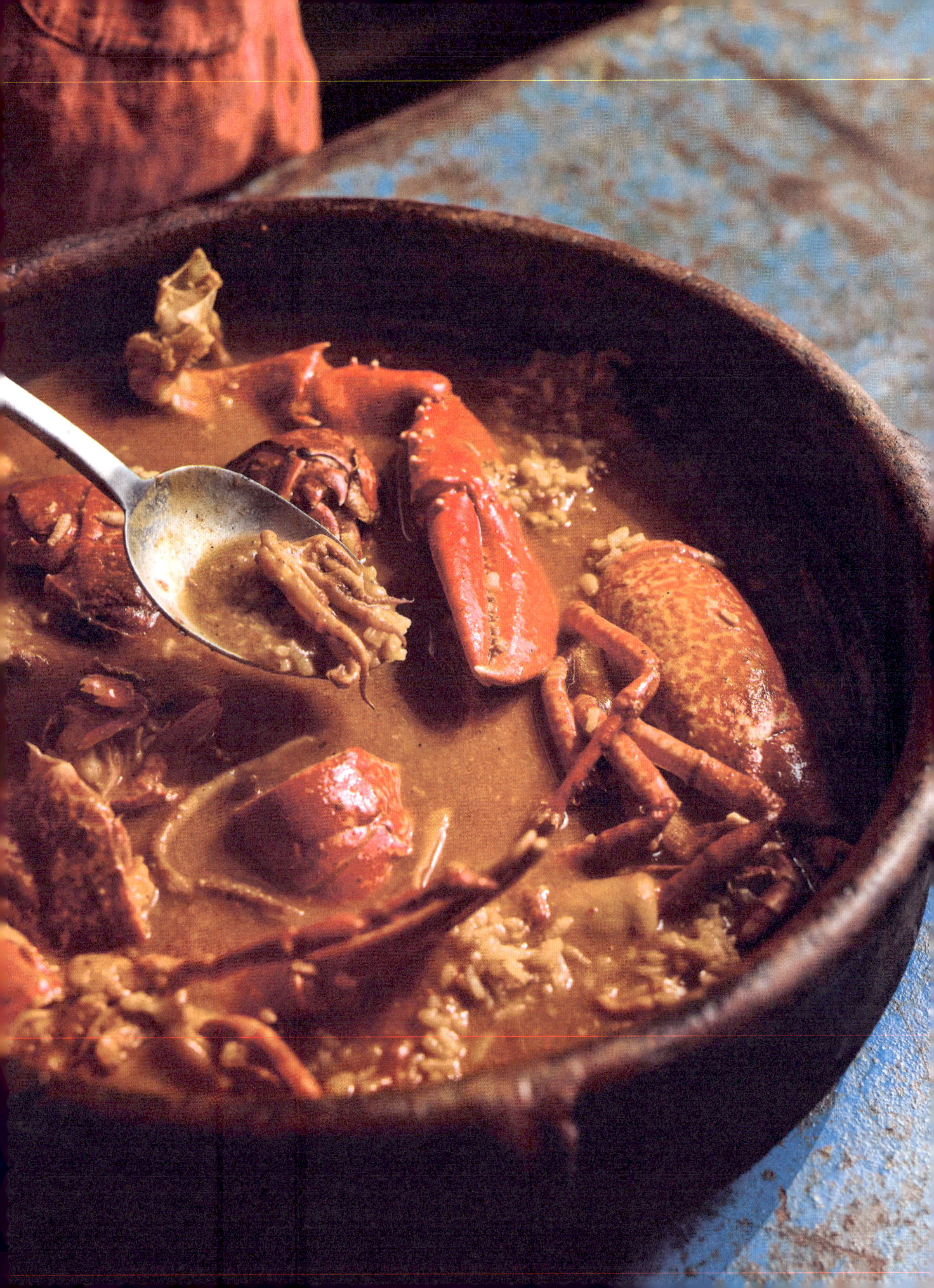

ARROZ CALDOSO DE BOGAVANTE

4 RACIONES **PREPARACIÓN 20 MIN** **COCCIÓN 40 MIN**

Este plato es una joya de la cocina española. Para muchos es el rey de los arroces y es fácil entender por qué. Aunque los arroces caldosos puedan percibirse como más cálidos que una paella clásica, y por lo tanto algo que se consumiría en invierno, la realidad es que este plato es tan popular que lo encontrarás en todas partes, en cualquier época del año, en todo tipo de restaurantes. Es el plato que elegí para celebrar el nacimiento de mi primer hijo.

2,5 litros (10 tazas) de caldo de marisco (receta casera en la p. 160)
0,4 g de azafrán (véase la guía de medidas de la p. 33)
150 ml (⅔ de taza generosos) de aceite de oliva virgen extra
2 ñoras deshidratadas
2 bogavantes, las cabezas partidas por la mitad y las colas en trozos de 2 cm (1 in)
1 pimiento de Cayena seco
2 tomates pequeños
500 g (1 lb 2 oz) de calamar, limpio y bastamente troceado
5 dientes de ajo, picados finos
1 cucharada de pimentón dulce ahumado
300 g (1½ tazas) de arroz para paella
Sal, al gusto

Calienta el caldo en un cazo a fuego lento y añade el azafrán desmenuzado. Mantenlo caliente a fuego mínimo.

Coloca una paellera a fuego lento y añade el aceite, las ñoras y el bogavante. Fríelos 2 minutos, luego retira el bogavante de la sartén y reserva. Pasa la ñora al vaso de la batidora con el pimiento de Cayena y los tomates, y tritúralo todo; reserva.

Sube el fuego y añade los calamares a la sartén. Saltéalos unos 7 minutos o hasta que estén dorados. Sálalos.

Añade el ajo, seguido del pimentón y la pasta de tomate y ñora, y sofríelo unos 2 minutos hasta que el aceite comience a separarse de la pasta de tomate. Agrega el arroz y remueve 2 minutos, hasta que se recubra con el aceite.

Añade el caldo caliente con cuidado a la sartén y mezcla bien para distribuir el arroz de manera uniforme. Prueba y rectifica de condimento si es necesario. Cocina a fuego alto los primeros 8 minutos, luego añade el bogavante, baja el fuego y sigue cocinando 10 minutos más, removiendo constantemente. Disfrútalo enseguida.

ARROZ DE PULPO Y MEJILLONES

4 RACIONES **PREPARACIÓN 30 MIN** **COCCIÓN 1 H**

Siempre recordaré la respuesta de un invitado al que estaba tratando de convencer para que probara nuestro pulpo. Me interrumpió diciendo: «demasiados tentáculos para mi gusto», lo cual me pareció muy divertido. Bromas aparte, el pulpo es un ingrediente maravilloso; da un sabor fantástico y es de textura agradable y carnosa.

1 litro (4 tazas) de caldo de marisco (receta casera en la p. 160)
1,5 litros (6 tazas) de agua
1 pulpo pequeño entero (600 g /1 lb 5 oz), limpio
300 g (10 oz) de mejillones, limpios
120 ml (½ taza) de aceite de oliva virgen extra
½ pimiento rojo, troceado
6 dientes de ajo, picados finos
1 cucharada de pimentón dulce ahumado
1 tomate, rallado
400 g (2 tazas) de arroz para paella
Sal, al gusto

Añade el caldo y el agua a una olla grande y lleva a ebullición a fuego alto. Cuando hierva, sumerge el pulpo en el líquido, baja el fuego y déjalo hervir a fuego medio unos 20 minutos. Retira el pulpo del agua con un par de pinzas y colócalo sobre una tabla de cortar. Separa los tentáculos y trocea bastamente la cabeza, descartando el pico.

Añade los mejillones al caldo y cuece a fuego lento 2 minutos, o hasta que todos se abran (desecha los que permanezcan cerrados). Retíralos con una espumadera, luego separa la carne de las conchas y reserva. Cuela el caldo en otro cazo y mantenlo caliente a fuego bajo.

Calienta el aceite en una paellera a fuego medio, añade el pulpo y fríelo 5 minutos por todos lados hasta quede dorado. Añade el pimiento rojo y sofríe 5 minutos más. Añade el ajo, seguido del pimentón y el tomate rallado. Sofríe 2 minutos hasta que el aceite comience a separarse de la pasta de tomate. Agrega el arroz y remueve 2 minutos, hasta que se recubra con el aceite.

Añade el caldo caliente y mézclalo bien para distribuir el arroz de manera uniforme. Prueba y rectifica de condimento si es necesario. Cocina a fuego fuerte 10 minutos, luego baja el fuego y cuece 9 minutos finales, sin remover. Añade los mejillones y deja que el arroz repose apartado del fuego 5 minutos antes de comer.

ARROZ MELOSO DE BONITO Y CALAMARES

4 RACIONES   **PREPARACIÓN 20 MIN**   **COCCIÓN 35 MIN**

El atún es uno de los pescados más consumidos en el mundo y en España lo capturamos tanto en el norte como en el sur del país. La razón por la que nos encanta comerlo en sushi y tartar es porque en su forma cruda es sedoso y delicioso, pero si está demasiado cocido se vuelve seco y arenoso. Siempre añádelo al final, antes de servir, para que solo se cocine pero quede tierno.

2 litros (8 tazas) de caldo de pescado (receta casera en la p. 159)
0,3 g de azafrán (véase la guía de medidas de la p. 33)
1 cucharada de copos katsuobushi de atún ahumado (opcional)
120 ml (½ taza) de aceite de oliva virgen extra
300 g (10 oz) de calamar, limpio y en dados
1 pimiento rojo, sin semillas y en dados
8 dientes de ajo, en láminas
1 cucharada de pimentón dulce ahumado
1 tomate, rallado
380 g (1¾ tazas) de arroz para paella
400 g (14 oz) de atún claro fresco troceado
Sal, al gusto

Calienta el caldo en un cazo a fuego lento y añade el azafrán desmenuzado y el katsuobushi (si usas). Mantenlo caliente a fuego mínimo.

Mientras, calienta el aceite en una olla a fuego fuerte, luego añade el calamar y el pimiento rojo y fríelos 5 minutos hasta que se doren. Añade el ajo y saltéalo 2 minutos o hasta que adquiera un poco de color.

Agrega el pimentón, seguido del tomate, y sofríe 2 minutos hasta que el aceite comience a separarse de la pasta de tomate. Añade el arroz y mézclalo todo 2 minutos, hasta que se recubra con el aceite.

Añade el caldo caliente con cuidado y remueve bien. Prueba y rectifica de condimento si es necesario. Cocina a fuego medio 10 minutos, luego baja el fuego y cuece 8 minutos más, removiendo con frecuencia. Apaga el fuego e incorpora los trozos de atún. Cuece en el calor residual de la paella 2 minutos antes de servir. ¡Disfruta!

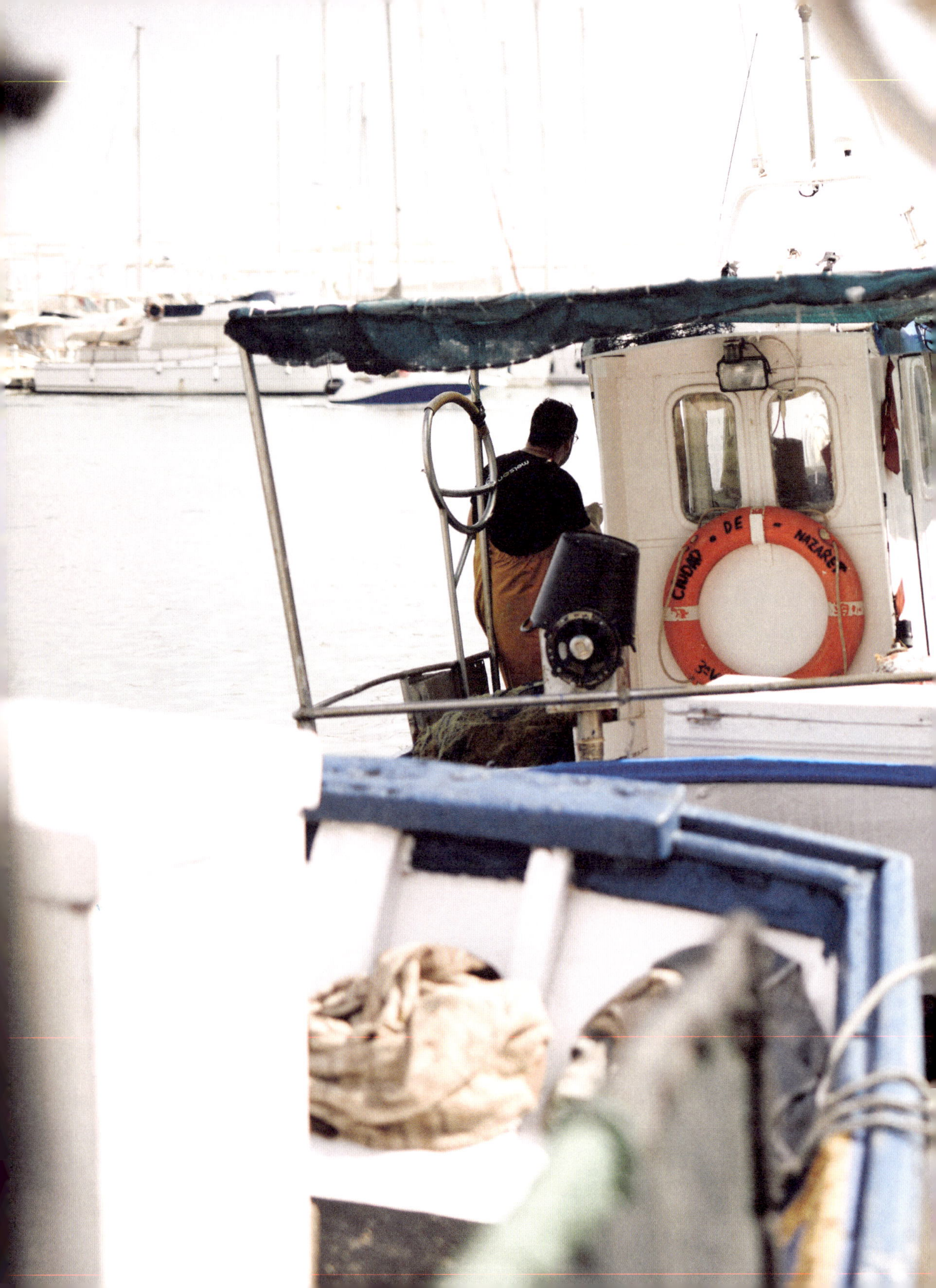
CIUDAD • DE

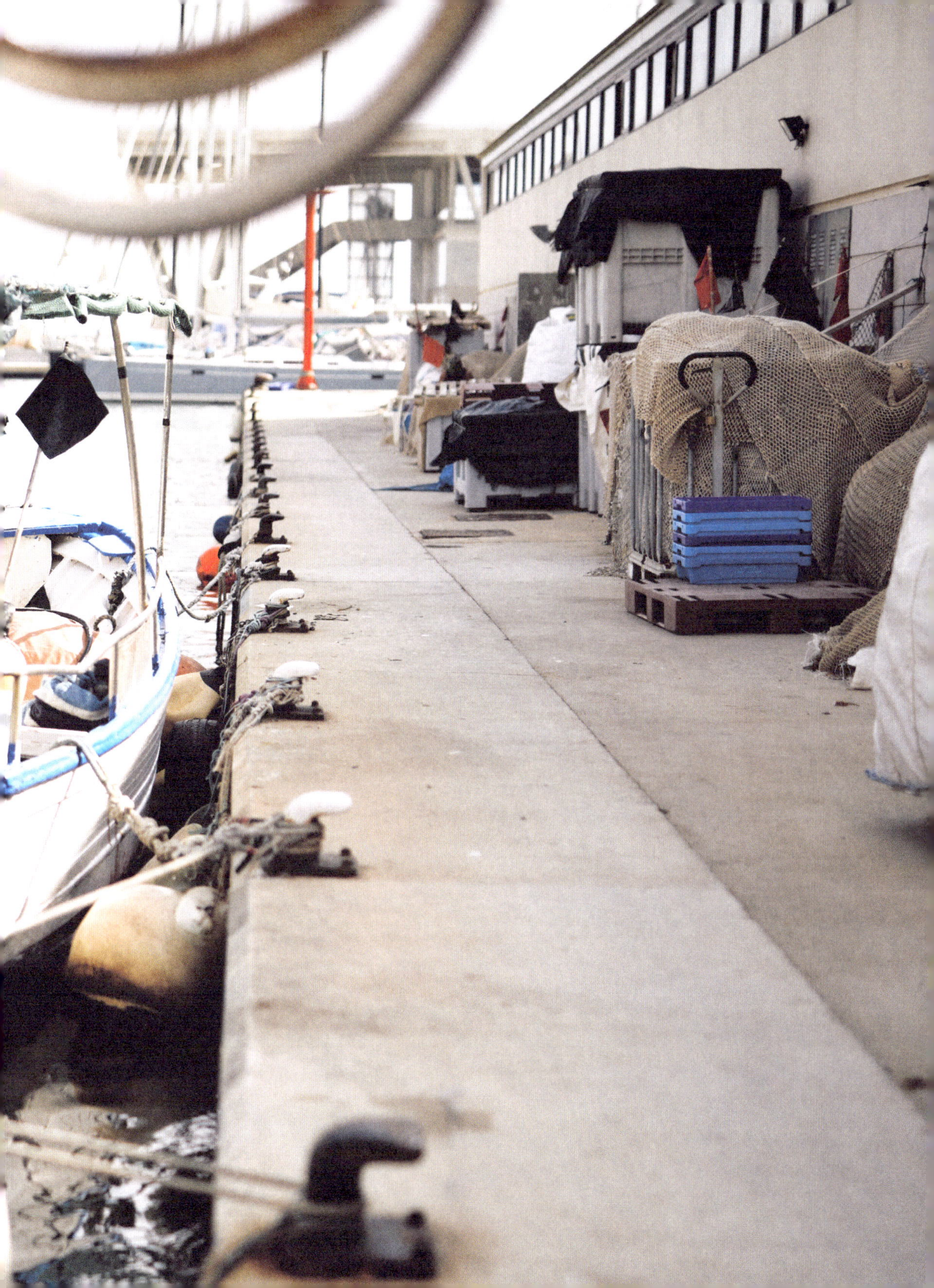

ARROZ DE CIGALAS, GAMBAS Y ALMEJAS

4 RACIONES   PREPARACIÓN 20 MIN   COCCIÓN 40 MIN

Me confieso amante del marisco por encima de todas las cosas. Sé que es caro y esa es la razón por la que lo comemos con menos frecuencia, pero cuando lo hacemos, es algo realmente especial. La belleza de la paella es que puedes usar prácticamente cualquier ingrediente, pero si tuviera que elegir un solo estilo de paella, optaría por esta, preparada con un rico y sabroso caldo de marisco. ¡Es espectacular!

2 litros (8 tazas) de caldo de marisco (receta casera en la p. 160)
0,4 g de azafrán (véase la guía de medidas de la p. 33)
120 ml (½ taza) de aceite de oliva virgen extra
2 ñoras deshidratadas
2 tomates
300 g (10 oz) de calamar, limpio y bastamente troceado
8 dientes de ajo, picados finos
1 cucharadita de pimentón dulce ahumado
440 g (2¼ tazas) de arroz para paella
250 g (9 oz) de almejas, limpias
500 g (1 lb 2 oz) de gambas, sin cabeza y peladas
500 g (1 lb 2 oz) de cigalas
Sal, al gusto

Calienta el caldo en un cazo a fuego lento y añade el azafrán desmenuzado. Mantenlo caliente a fuego mínimo.

Calienta el aceite en una paellera y fríe las ñoras a fuego lento 2 minutos. Retira las ñoras del aceite y tritúralas con los tomates usando la batidora o el procesador de alimentos; reserva.

Sube el fuego, añade los calamares a la sartén y saltéalos unos 7 minutos o hasta que se doren. Sazona. Añade el ajo, seguido del pimentón y la pasta de tomate y ñora. Sofríe 2 minutos hasta que el aceite comience a separarse de la pasta de tomate. Agrega el arroz y remueve 2 minutos, hasta que todo el arroz se recubra con el aceite.

Añade el caldo caliente a la sartén y remueve bien para distribuir el arroz de manera uniforme. Prueba y rectifica de condimento. Cocina a fuego fuerte los primeros 10 minutos, luego a fuego medio 3 minutos más, sin remover. Añade las almejas, las gambas y las cigalas, removiendo suavemente el arroz y agitando la sartén para allanar el contenido. Cuece 4 minutos más, sin remover, luego deja que el arroz repose apartado del fuego 5 minutos antes de comer.

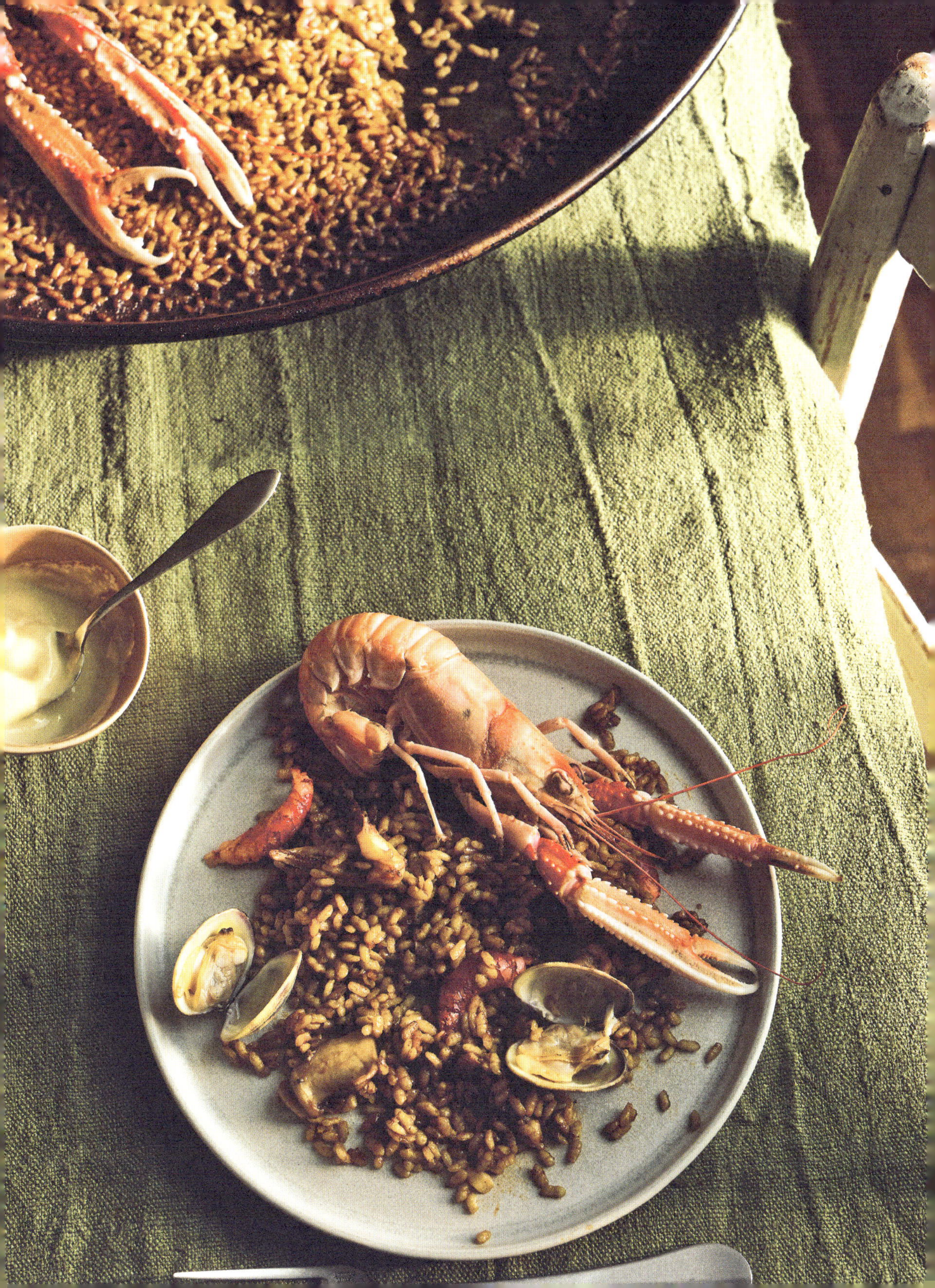

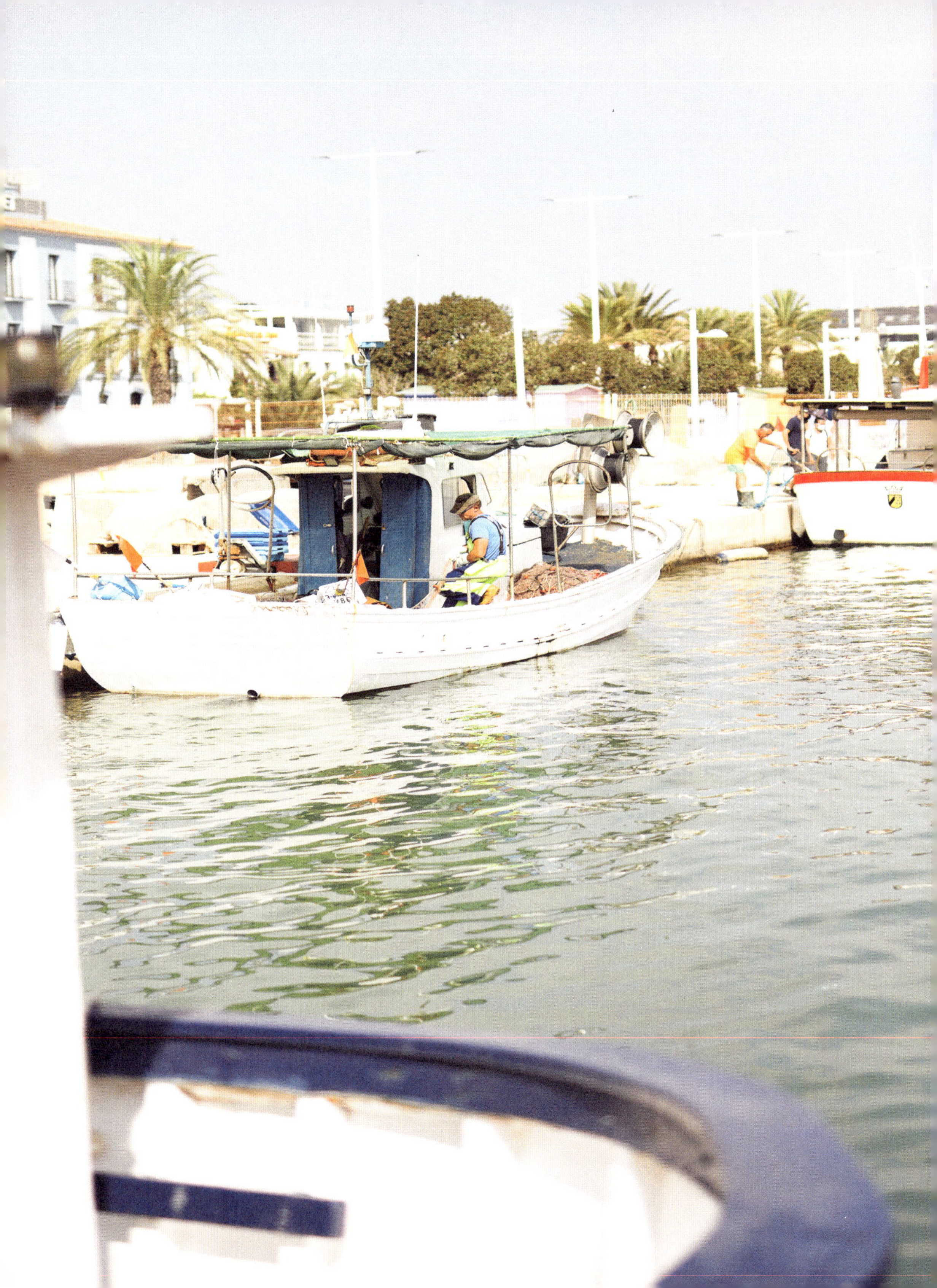

ARROZ A BANDA

5 RACIONES   **PREPARACIÓN 15 MIN**   **COCCIÓN 1 H**

Este plato ha cambiado mucho desde sus humildes comienzos (la receta que te doy) hasta la versión que encontrarás en numerosas arrocerías actuales. En mi opinión, esta versión original es una de las mejores paellas de marisco y de sabor más natural, ya que no se utiliza un caldo preparado. En su lugar, se obtiene el caldo escalfando el pescado y luego se usa para cocinar el arroz.

PARA EL PESCADO Y EL CALDO
2,5 litros (10 tazas) de agua
1 besugo, limpio y vaciado
1 pargo colorado, limpio y vaciado
1 cola pequeña de rape, limpia de la membrana gris
1 bulbo de hinojo, en láminas
1 cebolla, en láminas
1 puerro, en rodajas
1 patata, en rodajas de 2 cm (¾ in)
3 ramitas de perejil de hoja plana
175 ml (¾ de taza) de vino blanco
10 gambas rojas, sin cabeza y peladas, las colas reservadas
0,4 g de azafrán (véase la guía de medidas de la p. 33), molido en el mortero

PARA LA PAELLA
160 ml (⅔ de taza generosos) de aceite de oliva virgen extra
2 ñoras deshidratadas
2 tomates
300 g (10 oz) de calamar, limpio y en dados
6 dientes de ajo, picados finos
1 cucharada de pimentón dulce ahumado
500 g (2½ tazas) de arroz para paella
Sal, al gusto
Alioli, para servir (receta casera en la p. 166)

Para el pescado y el caldo, añade el agua a una olla grande a fuego alto. Agrega todos los ingredientes excepto las gambas y el azafrán y lleva a ebullición, luego baja a fuego lento y cocina 5 minutos. Retira el pescado con una espumadera y pásalo a un plato grande. Cubre con papel de aluminio y mantenlo caliente en el horno hasta que esté listo para servir.

Continúa cocinando a fuego lento el caldo unos 20 minutos, luego cuélalo a una olla limpia. Ponlo de nuevo a fuego lento. Añade el azafrán y deja aromatizar 5 minutos.

Calienta el aceite en una paellera y fríe las ñoras a fuego lento 2 minutos. Retíralas del aceite y trítualas con los tomates usando la batidora o procesador de alimentos; reserva para más tarde.

Sube el fuego al máximo, añade el calamar y fríelo 5 minutos o hasta que se dore. Sazona. Añade el ajo, el pimentón y la pasta de tomate y ñora. Sofríe 2 minutos hasta que el aceite comience a separarse de la pasta de tomate. Añade el arroz y remueve para distribuirlo. Agrega el caldo caliente y mezcla bien. Prueba y rectifica de condimento si es necesario. Cocina a fuego alto 10 minutos, luego esparce las gambas sobre el arroz y sacude la paella para allanar el contenido. Continúa cocinando a fuego lento 9 minutos, sin remover. Apaga el fuego y deja reposar 5 minutos, luego sírvelo con el pescado escalfado y el alioli aparte.

ARROZ DE GAMBAS Y MEJILLONES

4 RACIONES   **PREPARACIÓN 30 MIN**   **COCCIÓN 35 MIN**

Las gambas son el marisco más consumido del mundo y se presenta en diversidad de formas y sabores. En España gozamos del privilegio de contar con algunas de las mejores variedades, en particular la gamba roja de Denia. Mi suegra dispone de un apartamento en Denia, así que puedo comerlas un par de veces al año, y es un verdadero placer. Espero que encuentres la ocasión de probarlas al menos una vez.

2 litros (8 tazas) de caldo de marisco (receta casera en la p. 160)
0,4 g de azafrán (véase la guía de medidas de la p. 33)
120 ml (½ taza) de aceite de oliva virgen extra
2 ñoras deshidratadas
2 tomates
500 g (1 lb 2 oz) de gambas, sin cabeza y peladas
300 g (10 oz) de calamar, limpio y bastamente troceado
8 dientes de ajo, picados finos
1 cucharadita de pimentón dulce ahumado
440 g (2¼ tazas) de arroz para paella
500 g (1 lb 2 oz) de mejillones, limpios
Sal, al gusto
Alioli, para servir (receta casera en la p. 166)

Calienta el caldo en un cazo a fuego lento y añade el azafrán desmenuzado. Mantenlo caliente a fuego mínimo.

Calienta el aceite en una paellera y fríe las ñoras a fuego lento 2 minutos. Retíralas del aceite y tritúralas con los tomates usando una batidora o procesador de alimentos; reserva para más tarde. Sube el fuego, añade las gambas y cocínalas por un lado solo 2 minutos. Retira y reserva.

Añade los calamares y saltéalos unos 5 minutos o hasta que estén dorados. Sálalos. Añade el ajo, seguido del pimentón y la pasta de tomate y ñora, y sofríe 2 minutos hasta que el aceite empiece a separarse de la pasta de tomate. Agrega el arroz y remueve 2 minutos, hasta que todo el arroz se recubra con el aceite.

Añade el caldo caliente a la paella y mezcla bien para distribuir el arroz de manera uniforme. Prueba y rectifica de condimento si es necesario. Cocina a fuego fuerte 10 minutos y luego a fuego medio 5 minutos más, sin remover.

Añade los mejillones y devuelve las gambas a la paella, con el lado cocido hacia arriba. Cuece 4 minutos finales, sin remover, luego deja reposar el arroz apartado del fuego 5 minutos antes de servirlo con el alioli aparte.

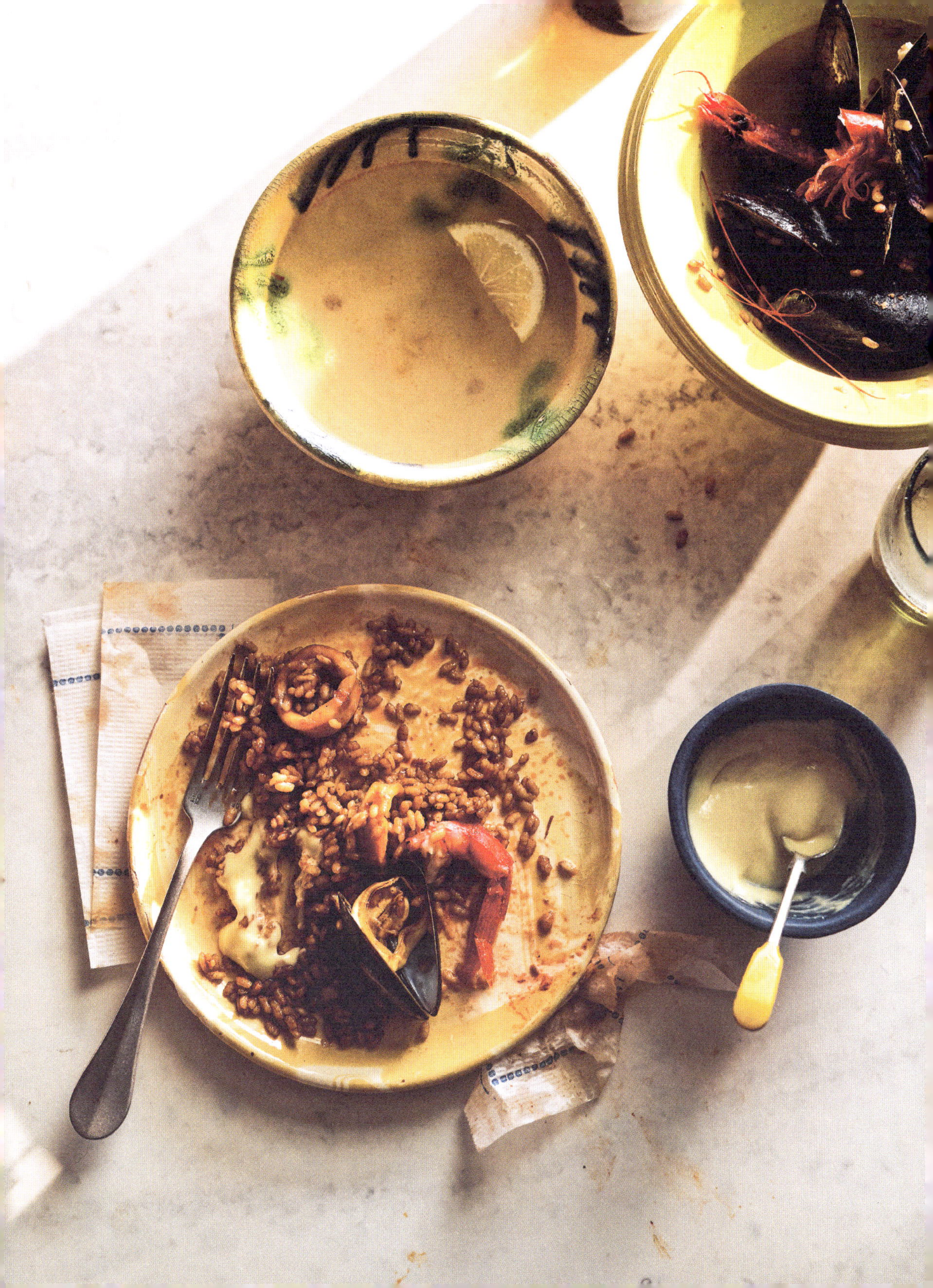

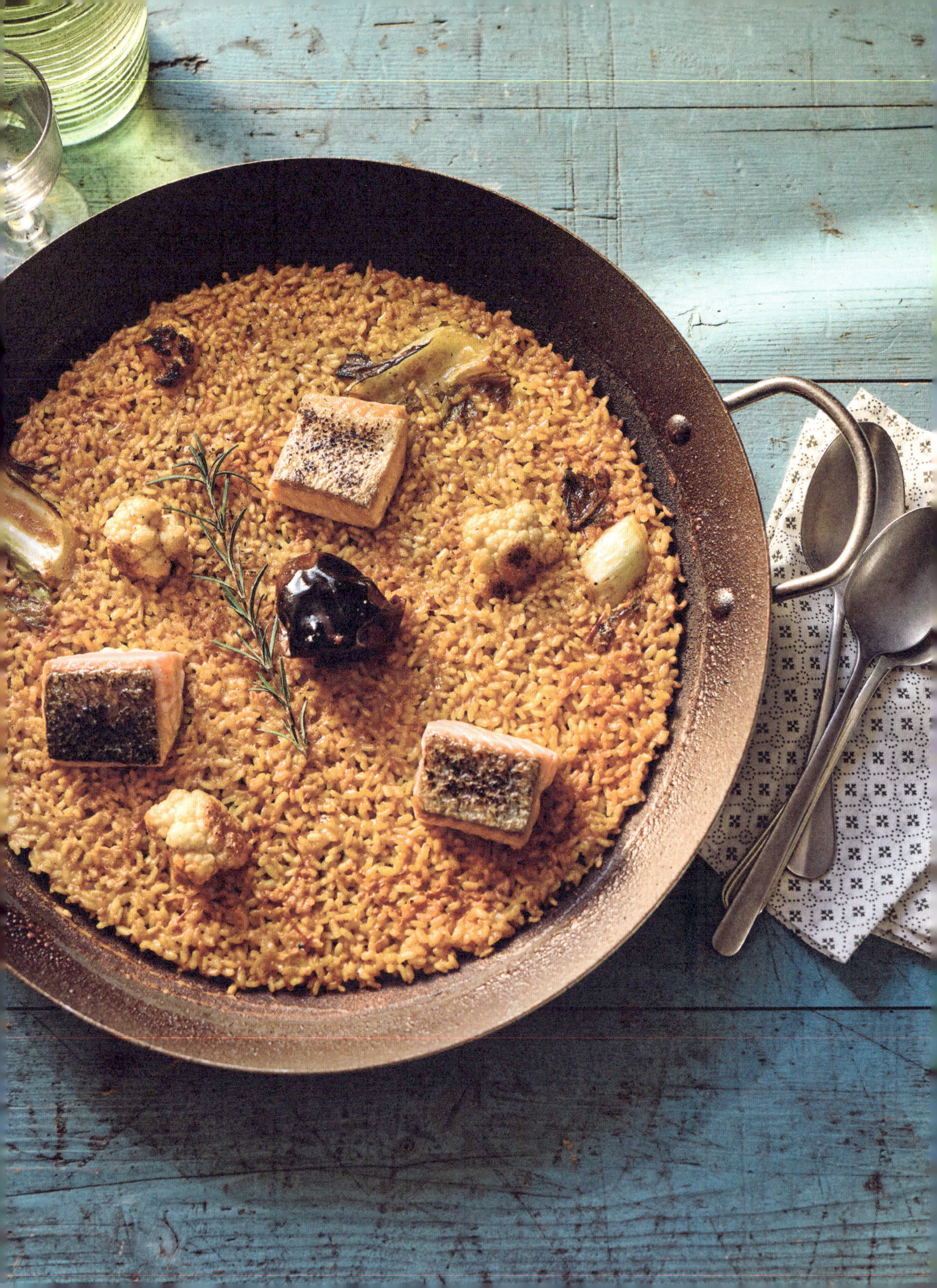

ARROZ DE SALMÓN Y COLIFLOR

4 RACIONES **PREPARACIÓN 20 MIN** **COCCIÓN 35 MIN**

Es raro que la paella lleve salmón, pero como es un pescado tan popular en nuestra casa, decidí probar una receta de paella con salmón y coliflor, y fue sensacional. Debo decir que el salmón puede cocerse demasiado y secarse rápido, así que cíñete a los tiempos indicados.

2 litros (8 tazas) de caldo de pescado (receta casera en la p. 159)
0,4 g de azafrán (véase la guía de medidas de la p. 33)
120 ml (½ taza) de aceite de oliva virgen extra
2 filetes de salmón, en trozos grandes
300 g (10 oz) de coliflor, partida en cabezuelas, el tronco picado
2 ñoras deshidratadas
2 tomates
6 dientes de ajo, picados finos
1 cucharadita de pimentón dulce ahumado
440 g (2¼ tazas) de arroz para paella
1 ramita de romero
Sal, al gusto

Calienta el caldo en un cazo a fuego lento y añade el azafrán desmenuzado. Mantenlo caliente a fuego mínimo.

Calienta la mitad del aceite en una paellera a fuego medio, agrega los filetes de salmón, con la piel hacia abajo y fríelos 3 minutos. Retíralos y reserva.

Añade el aceite restante a la sartén, luego fríe las cabezuelas de coliflor y las ñoras a fuego lento 2 minutos. Retira las ñoras y tritúralas con los tomates usando una batidora o procesador de alimentos; reserva para más tarde. Saltea la coliflor unos minutos más, luego sálala, retírala de la sartén y reserva.

Añade el tronco de coliflor picado a la sartén y saltea 2 minutos antes de agregar el ajo, el pimentón y la pasta de tomate y ñora. Sofríe unos 2 minutos hasta que el aceite comience a separarse de la pasta de tomate. Agrega el arroz y remueve, hasta que se recubra con el aceite.

Añade el caldo caliente y remueve bien para distribuir el arroz de manera uniforme. Prueba y rectifica de condimento si es necesario. Cocina a fuego fuerte 10 minutos, luego reduce el fuego a medio y cuece 3 minutos más, sin remover. Coloca el salmón reservado (con la piel hacia arriba), las cabezuelas de coliflor y el romero sobre el arroz y cuece 4 minutos. Deja que el arroz repose apartado del fuego 5 minutos antes de comer.

ARROZ CALDOSO DE ANGUILA

2 RACIONES **PREPARACIÓN 25 MIN** **COCCIÓN 25 MIN**

Probé este plato por primera vez en un restaurante hace años y me enamoré de él. No es un plato que los españoles vean a menudo, ya que es una receta muy valenciana, de las que no viajan, probablemente porque las anguilas no son fáciles de conseguir y necesitan ser bien frescas. Cuando un pescadero te prepara anguilas, las corta dejando un poco de piel que mantiene unidas las piezas; al cocinarlas, sabes que están listas cuando se rompe la piel. La buena noticia es que se puede sustituir la anguila por cualquier otro pescado blanco de carne firme, como el rape o la merluza.

80 ml (⅓ de taza) de aceite de oliva virgen extra
1 tomate, rallado
1 patata pequeña, en dados de 1 cm (½ in)
1 clavo
1 hoja de laurel pequeña
1 pimiento de Cayena pequeño seco
1 cucharadita de pimentón dulce ahumado
1 litro (4 tazas) de caldo de pescado (receta casera en la p. 159)
0,2 g de azafrán (véase la guía de medidas de la p. 33)
140 g (¾ de taza) de arroz para paella
500 g (1 lb 2 oz) de anguila fresca, troceada
Sal, al gusto

PARA LA PICADA
Aceite de oliva, para freír
4 dientes de ajo, pelados
8 almendras peladas
1 rebanada de pan duro, en trozos de 1 cm (½ in)

Primero prepara la picada. Calienta un chorrito de aceite a fuego medio en una sartén y saltea los dientes de ajo, las almendras y los trozos de pan unos 5 minutos. Una vez que todo adquiera un color tostado, tritúralo con un mortero o la batidora hasta obtener una pasta. Reserva.

Calienta el aceite en una paellera a fuego medio y añade el tomate rallado, la patata, el clavo de olor, el laurel y el pimiento de Cayena. Saltea unos minutos hasta que el tomate haya perdido la mayor parte de su agua. Sálalo al gusto, luego agrega el pimentón seguido de la picada, el caldo de pescado y el azafrán.

Lleva a ebullición y añade el arroz, luego cuece 5 minutos a fuego fuerte. Hunde los trozos de anguila en el arroz y cocínalo 12 minutos más a fuego lento, antes de servir.

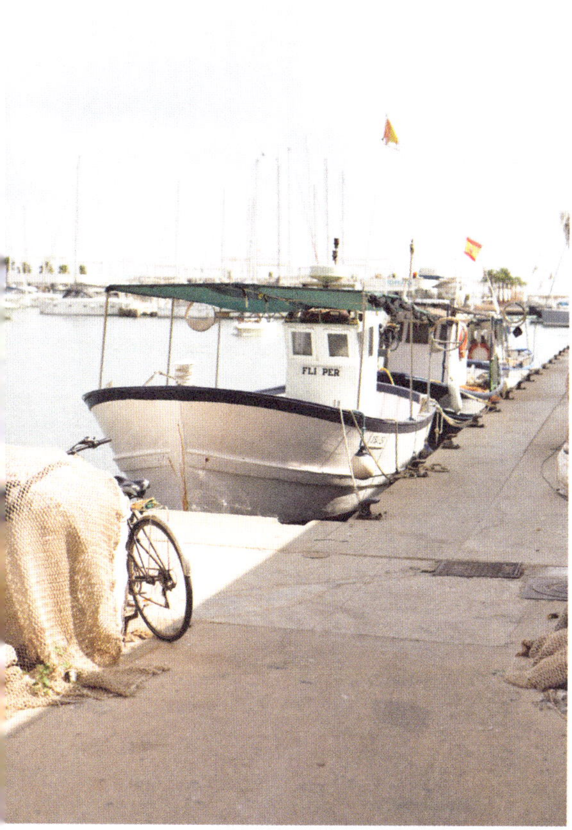
FLI PER

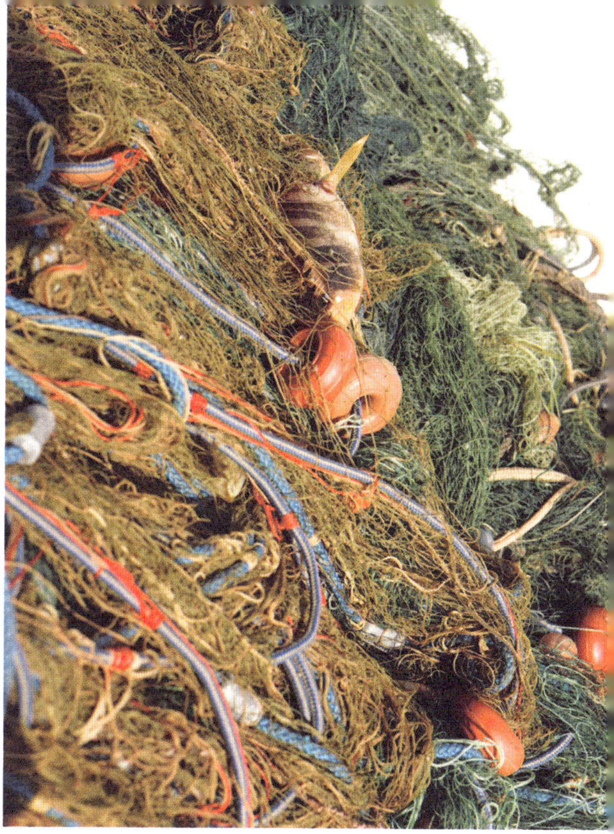

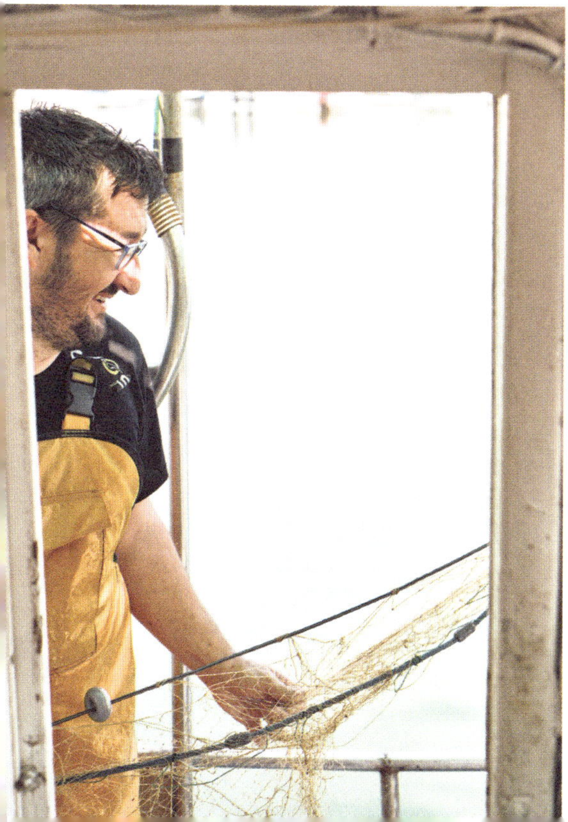

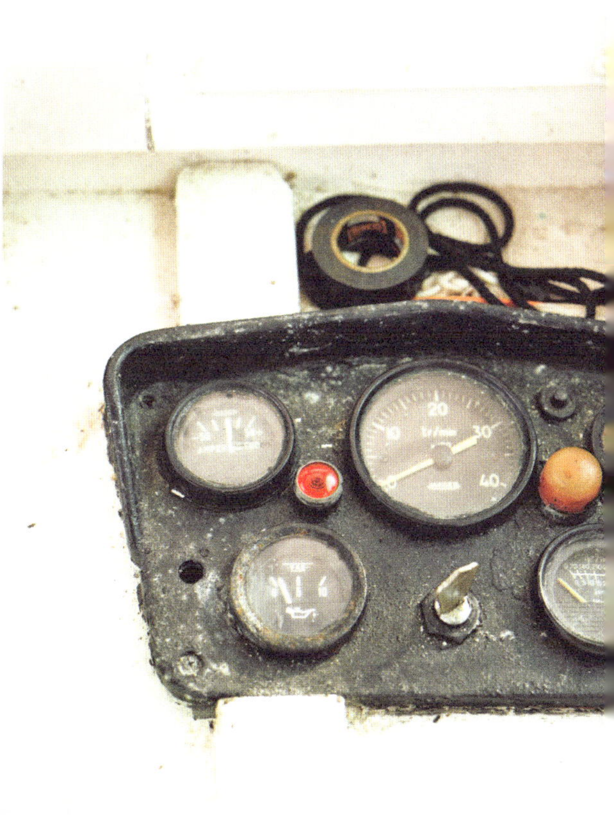
10
20
30
40

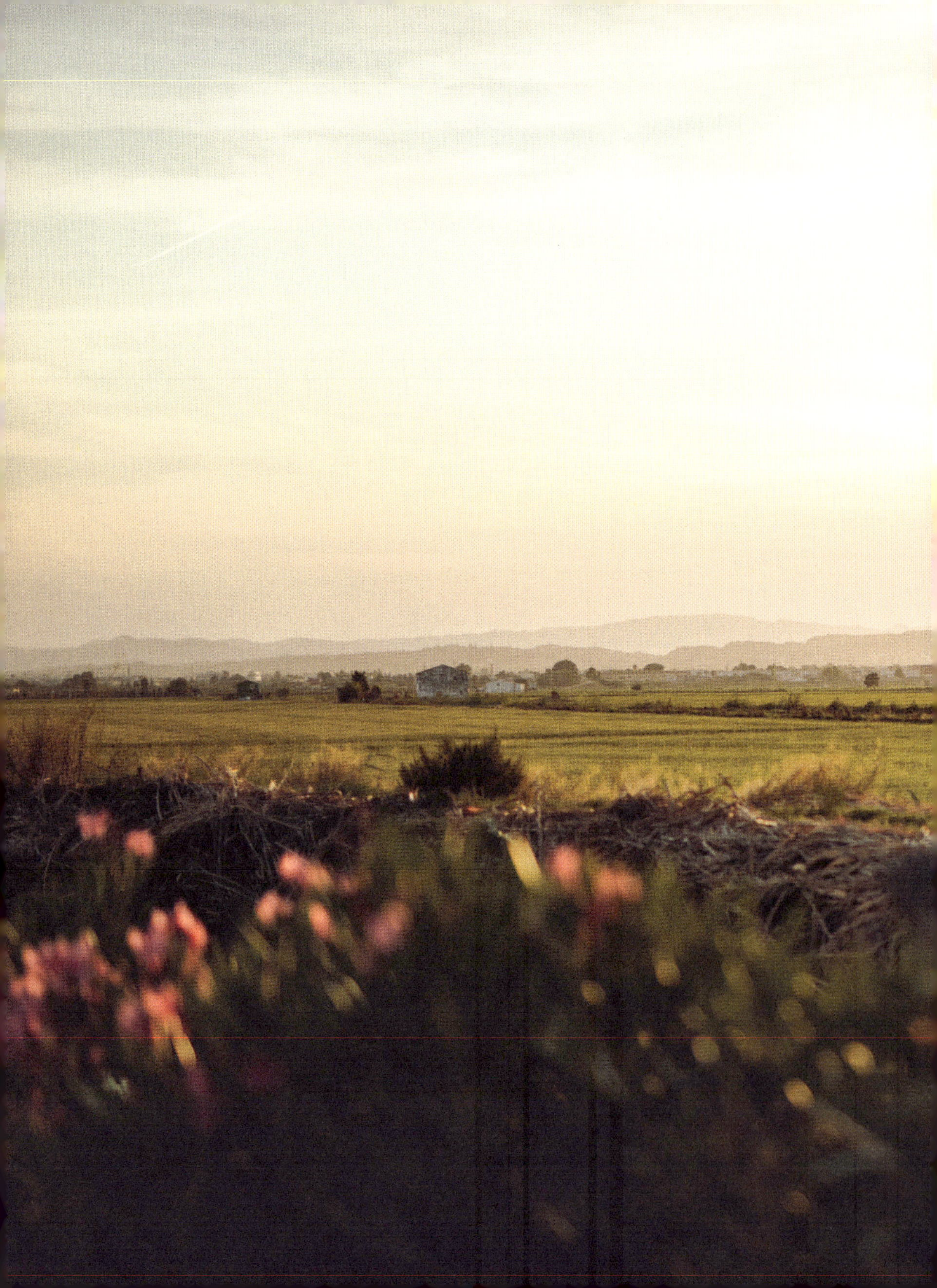

ARROCES DE VERDURAS

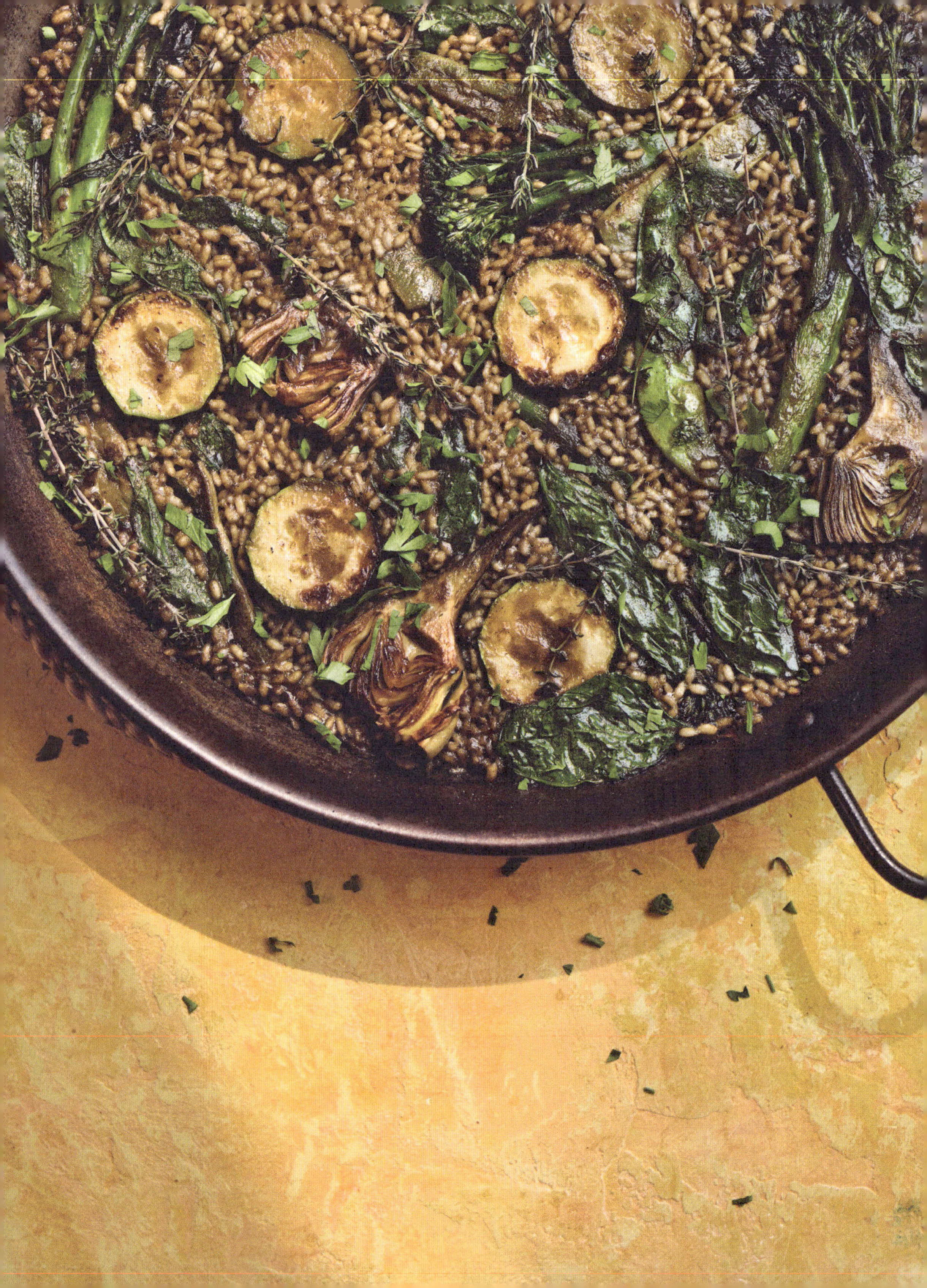

PAELLA VERDE

4 RACIONES **PREPARACIÓN 20 MIN** **COCCIÓN 40 MIN**

Déjame presentarte mi versión de paella vegana, saludable, fácil de preparar y repleta de beneficios vegetarianos. Aquí he sugerido mis verduras favoritas, pero podrías usar cualquier hortaliza verde. Una versión sabrosa de uno de los platos más famosos de la gastronomía española. ¡Buen provecho!

1,6 litros (6¾ tazas) de caldo vegetal (receta casera en la p. 163)
0,3 g de azafrán (véase la guía de medidas de la p. 33)
120 ml (½ taza) de aceite de oliva virgen extra
2 cebollas tiernas, en trozos de 2 cm (¾ in)
½ cabeza de brécol, el tallo picado y la cabeza troceada
3 alcachofas, partidas por la mitad
1 calabacín, en rodajas de 1 cm (½ in)
7 dientes de ajo, picados finos
1 cucharada de pimentón dulce ahumado
1 tomate, rallado
400 g (2 tazas) de arroz para paella
100 g (3½ oz) de hojas de espinaca, limpias
2 ramitas de perejil de hoja plana, picadas
2 ramitas de tomillo, las hojas
Sal, al gusto

Calienta el caldo en un cazo a fuego lento y añade el azafrán desmenuzado. Mantenlo caliente a fuego mínimo.

Dispón la paella a fuego fuerte, añade el aceite y comienza a agregar las verduras de la más dura a la más tierna: cebolletas, brécol, alcachofas, calabacín. Sofríe el brócoli, las alcachofas y el calabacín por todos lados 4 minutos, luego resérvalos para más tarde.

Añade el tallo picado del brécol y fríelo 4 minutos. Agrega el ajo y el pimentón, seguido del tomate rallado, y sofríe 4 minutos hasta que la salsa reduzca y el aceite comience a separarse del tomate. Sazona al gusto, luego añade el arroz. Remueve 3 minutos para sellar el arroz, luego vierte el caldo caliente. Remueve para distribuir todo de manera uniforme.

Sube el fuego y cuece 10 minutos. Reduce el fuego a medio, agrega el brécol, las alcachofas y el calabacín, e incorpora las espinacas y el perejil. Deja que se cocine todo 3 minutos más antes de cubrir con las ramitas de tomillo, luego cocínalo 5 últimos minutos antes de servir.

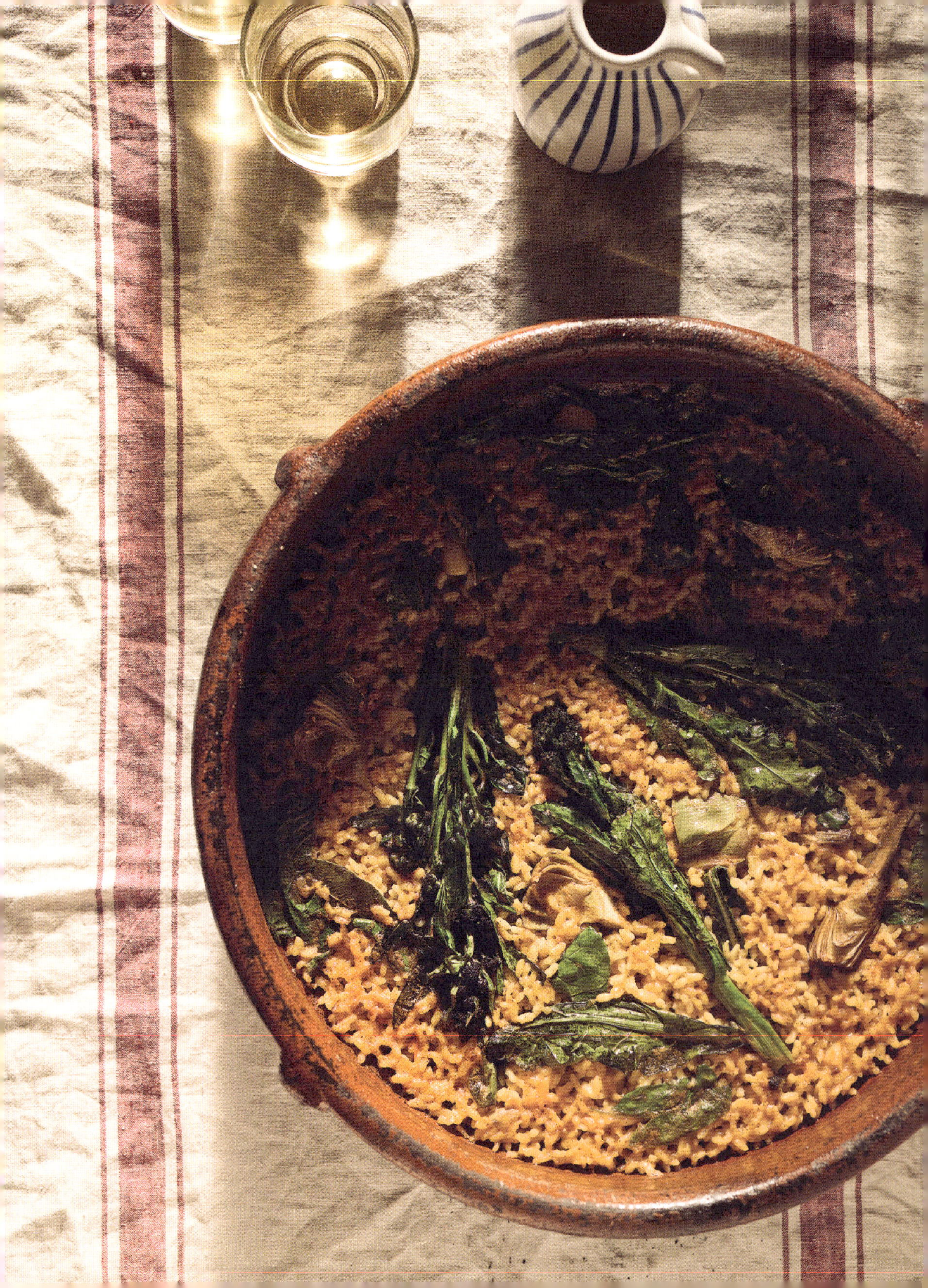

ARROZ DE BRÉCOL, ALCACHOFA Y AJO SILVESTRE

3 RACIONES   **PREPARACIÓN 20 MIN**   **COCCIÓN 40 MIN**

El ajo silvestre es difícil de encontrar en el supermercado, pero puedes encontrarlo en línea y, como a mí me entusiasma, me gustaría que lo probaras. Cuando es temporada, salgo a pasear por el bosque con mi amigo Dani y lo recojo a montones. Aquí, la combinación de ajos silvestre, alcachofa y brécol es una de la mejores, en mi opinión. También me encanta la versión más caldosa de este plato, con un poco más de caldo.

2 litros (8 tazas) de caldo vegetal (receta casera en la p. 163)
0,4 g de azafrán (véase la guía de medidas de la p. 33)
120 ml (½ taza) de aceite de oliva virgen extra
6 dientes de ajo, pelados y cortados por la mitad a lo largo
2 alcachofas grandes (o 4 pequeñas), en cuartos
Un manojo de brócoli esparragado
1 cucharada de pimentón dulce ahumado
½ cebolla, picada fina
1 tomate, rallado
300 g (1½ tazas) de arroz para paella
1 hoja de laurel pequeña
100 g (3½ oz) de hojas de ajo silvestre
Sal y pimienta blanca, al gusto

Calienta el caldo en un cazo a fuego lento y añade el azafrán desmenuzado. Mantenlo caliente a fuego mínimo.

Añade el aceite a una paellera a fuego medio con el ajo, las alcachofas y el brócoli, y fríelos hasta que hayan adquirido un color dorado. Retira el brócoli de la sartén y resérvalo.

Añade el pimentón, la cebolla y el tomate, y sofríelo todo unos 2 minutos hasta que el aceite empiece a separarse de la pasta de tomate. Agrega el arroz y remueve 2 minutos, hasta que se recubra con el aceite.

Añade el caldo de verduras y la hoja de laurel y cocina a fuego medio-bajo unos 15 minutos. Condimenta al gusto con sal y pimienta blanca.

Por último, agrega el brócoli y las hojas de ajo silvestre y cuece a fuego lento 2 minutos más antes de servir.

ARROZ CALDOSO DE ACELGAS Y JUDÍAS BLANCAS

3 RACIONES **PREPARACIÓN 20 MIN** **COCCIÓN 35 MIN**

Un delicioso plato reconfortante, similar a una cazuela, perfecto para el almuerzo de un domingo frío y lluvioso en familia. Los tubérculos son una maravilla para un caldo dulce de consistencia espesa, mientras que la acelga aporta su distintivo sabor. ¡Buen provecho!

2 litros (8 tazas) de caldo vegetal (receta casera en la p. 163)
0,4 g de azafrán (véase la guía de medidas de la p. 33)
120 ml (½ taza) de aceite de oliva virgen extra
4 dientes de ajo, pelados y cortados por la mitad a lo largo
1 cebolla, picada fina
1 tomate, picado fino
1 hoja de laurel
1 cucharada de pimentón dulce ahumado
1 nabo pequeño, en dados de 1 cm (½ in)
1 chirivía mediana, troceada
300 g (1½ tazas) de arroz para paella
1 patata mediana, en dados de 2 cm (¾ in)
Una lata de 400 g (14 oz) de judías, aclaradas y escurridas
100 g (3½ oz) de acelgas, picadas
½ manojo de estragón, picado fino
Sal y pimienta blanca, al gusto

Calienta el caldo en un cazo a fuego lento y añade el azafrán desmenuzado. Mantenlo caliente a fuego mínimo.

Pon el aceite en una paellera a fuego medio. Fríe el ajo y la cebolla 10 minutos o hasta que estén dorados.

Añade el tomate, la hoja de laurel y el pimentón y sofríelos unos 2 minutos hasta que el aceite comience a separarse del tomate.

Agrega el nabo, la chirivía y el caldo de verduras y lleva a ebullición, luego añade el arroz, la patata, las judías y la acelga. Sazona al gusto con sal y una pizca de pimienta blanca y cocina a fuego medio-alto 8 minutos. Baja el fuego, añade el estragón y cocina 10 minutos más antes de servir.

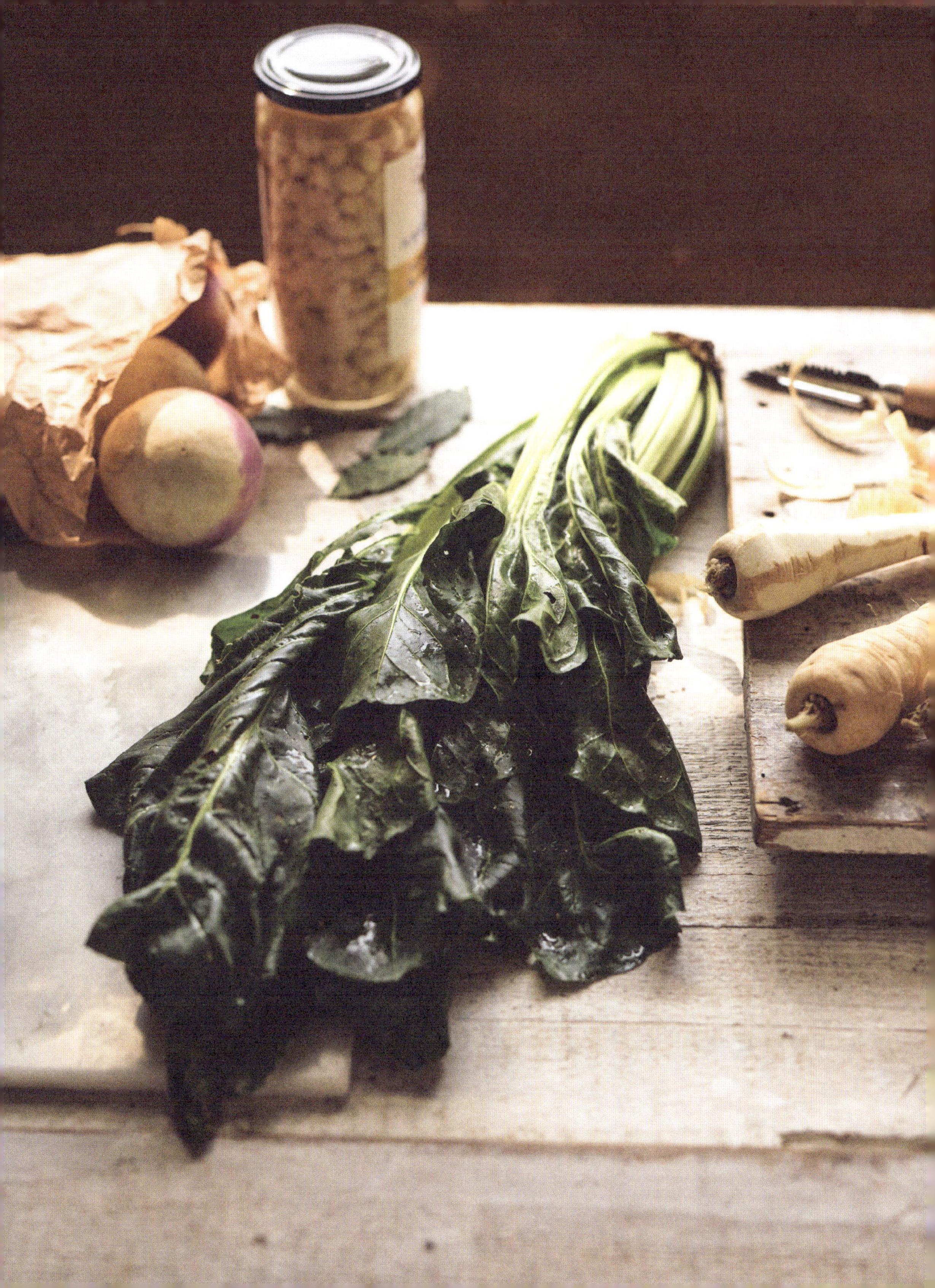

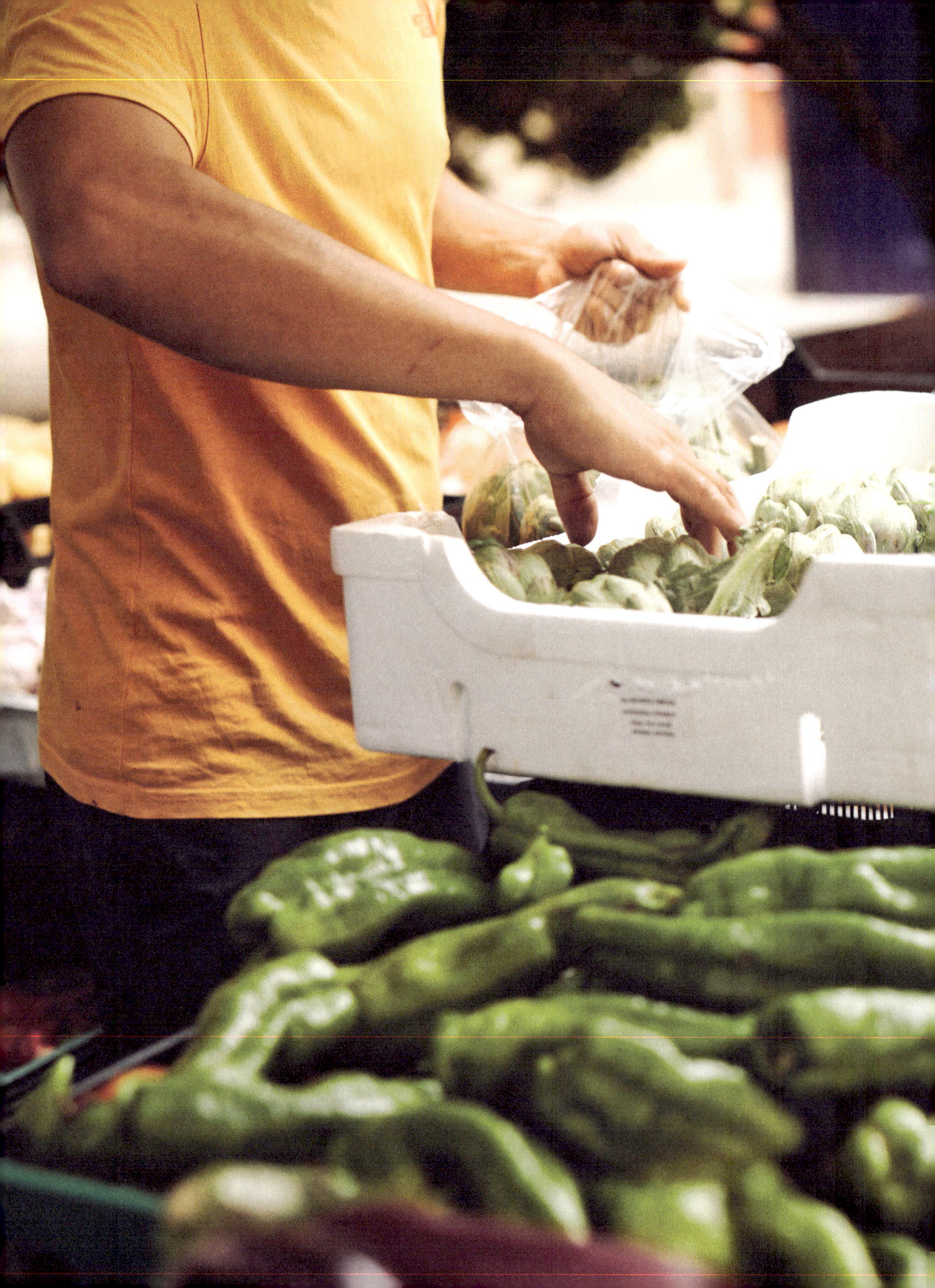

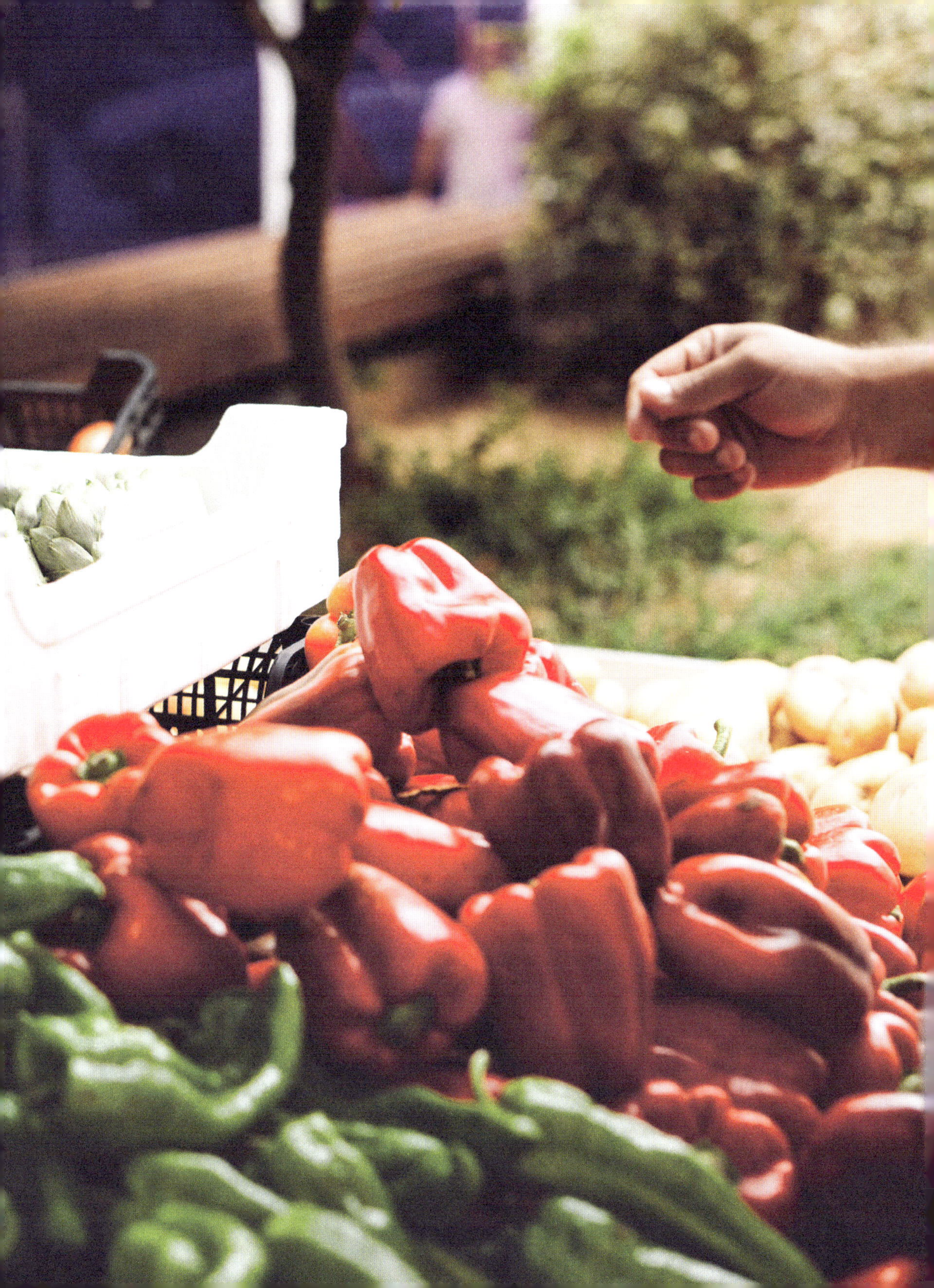

ARROZ DE BERENJENA Y CALABAZA

4 RACIONES **PREPARACIÓN 15 MIN** **COCCIÓN 35 MIN**

En cualquier hogar, las cenas se preparan a menudo con lo que haya en la nevera. En casa, solemos tener estos dos ingredientes, de modo que con frecuencia se convierten en el foco de una paella.

1,5 litros (6 tazas) de caldo vegetal (receta casera en la p. 163)
0,2 g de azafrán (véase la guía de medidas de la p. 33)
120 ml (½ taza) de aceite de oliva virgen extra
400 g (14 oz) de calabaza, pelada y en trozos de 3 cm (1¼ in)
1 berenjena grande, en trozos de 3 cm (1¼ in)
1 cebolla, picada fina
8 dientes de ajo, picados finos
1 cucharadita de copos de pimiento dulce seco
1 cucharada de pimentón dulce ahumado
1 tomate grande, rallado
400 g (2 tazas) de arroz para paella
2 ramitas de salvia, picada fina
Sal, al gusto

Calienta el caldo en un cazo a fuego lento y añade el azafrán desmenuzado. Mantenlo caliente a fuego mínimo.

Calienta el aceite en una paellera a fuego fuerte. Añade la calabaza y la berenjena y fríelas 10 minutos hasta que se caramelicen por todos lados. Sálalas y agrega la cebolla, y sofríelo todo 5 minutos más.

Añade el ajo y los copos de pimiento, seguidos del pimentón y el tomate rallado, y sofríe unos 2 minutos hasta que el aceite comience a separarse de la pasta de tomate. Agrega el arroz y remueve 2 minutos más, hasta que se recubra con el aceite.

Vierte con cuidado el caldo caliente en la paella y remueve bien para distribuir el arroz de manera uniforme. Prueba y rectifica de condimento si es necesario. Cocina a fuego alto 10 minutos, luego añade la salvia y cuece a fuego lento 9 minutos más, sin remover. Deja que el arroz repose apartado del fuego 5 minutos antes de comer.

ARROZ MELOSO DE PUERROS Y CALABACÍN

4 RACIONES   **PREPARACIÓN 20 MIN**   **COCCIÓN 40 MIN**

Dos de mis verduras preferidas se unen para crear este plato. El puerro le da mucho sabor al caldo, el calabacín ofrece textura a la receta, mientras que las hierbas aportan frescura y aroma. Como habrás adivinado, este es uno de mis platos favoritos en casa. ¡El verde siempre sienta bien!

1,5 litros (6 tazas) de caldo vegetal (receta casera en la p. 163)
0,2 g de azafrán (véase la guía de medidas de la p. 33)
120 ml (½ taza) de aceite de oliva virgen extra
3 puerros, picados finos
2 calabacines, en dados
6 dientes de ajo, en láminas finas
Una pizca de pimentón dulce ahumado
360 g (1¾ tazas) de arroz para paella
50 ml (¼ de taza escasa) de vino blanco
4 ramitas de albahaca, en tiras finas
4 ramitas de estragón, picado fino
Sal y pimienta blanca, al gusto
Alioli, para servir (receta casera en la p. 166)

Calienta el caldo en un cazo a fuego lento y añade el azafrán desmenuzado. Mantenlo caliente a fuego mínimo.

Pon el aceite en una sartén grande a fuego medio, añade los puerros y sofríelos 10 minutos hasta que se ablanden. Añade el calabacín y sofríelo 5 minutos más.

Añade el ajo, sala y sofríe otros 5 minutos. Agrega el pimentón, una pizca de pimienta blanca y el arroz, y fríelo todo 2 minutos antes de añadir el vino blanco. Deja que burbujee y reduzca antes de verter el caldo caliente.

Mezcla bien, y prueba y rectifica de condimento si es necesario. Después de 5 minutos, baja el fuego y cocina el arroz 11 minutos, removiendo cada 2 minutos, antes de agregar la albahaca y el estragón y dejarlo cocer 1 minuto más. Sírvete un buen cucharón de arroz en un plato y disfruta. El alioli es un acompañamiento idóneo para este arroz meloso de verduras.

ARROZ DE TUPINAMBO, SETAS Y CASTAÑAS

4 RACIONES   PREPARACIÓN 20 MIN   COCCIÓN 40 MIN

Al adentrarnos en el otoño, la variedad de setas disponibles en los mercados se multiplica, y comienzan a aparecer los tupinambos, que me encantan, en los menús de los restaurantes. No es un vegetal que cultivemos mucho en España, así que lo descubrí cuando llegué al Reino Unido hace 18 años, y ahora lo uso en mis paellas. Unas láminas de castaña son el toque final para este plato especial, sin necesidad de gastar una fortuna en trufa.

2 litros (8 tazas) de fumet de setas (receta casera en la p. 162)
0,4 g de azafrán (véase la guía de medidas de la p. 33)
140 ml (½ taza generosa) de aceite de oliva virgen extra
200 g (7 oz) de tupinambo, pelado y troceado
200 g (7 oz) de setas silvestres, partidas
½ cebolla, picada fina
6 dientes de ajo, picados finos
1 cucharadita de pimentón dulce ahumado
1 tomate, rallado
440 g (2¼ tazas) de arroz para paella
Unas ramitas de tomillo
Sal y pimienta, al gusto
Castañas frescas, para decorar

Calienta el caldo en un cazo a fuego lento y añade el azafrán desmenuzado. Mantenlo caliente a fuego mínimo.

Calienta el aceite en una paellera a fuego fuerte, añade el tupinambo y sofríe 5 minutos. Agrega las setas y fríelas otros 4 minutos, luego añade la cebolla y fríelo todo unos minutos más hasta que quede bien caramelizado. Sálalo.

Agrega el ajo, seguido del pimentón y el tomate rallado, y sofríe unos 2 minutos hasta que el aceite comience a separarse de la pasta de tomate. Añade el arroz y remueve 2 minutos más, hasta que se recubra con el aceite.

Agrega con cuidado el caldo caliente y mezcla bien para distribuir el arroz de manera uniforme. Sazona con pimienta y añade las ramitas de tomillo. Prueba y rectifica de condimento, luego sube el fuego y cuece 10 minutos. Baja el fuego a media potencia y cocina 9 minutos más, sin remover. Deja que el arroz repose apartado del fuego 5 minutos. Usa un rallador de trufa o un pelador de verduras para laminar las castañas por encima del arroz, luego disfruta del plato.

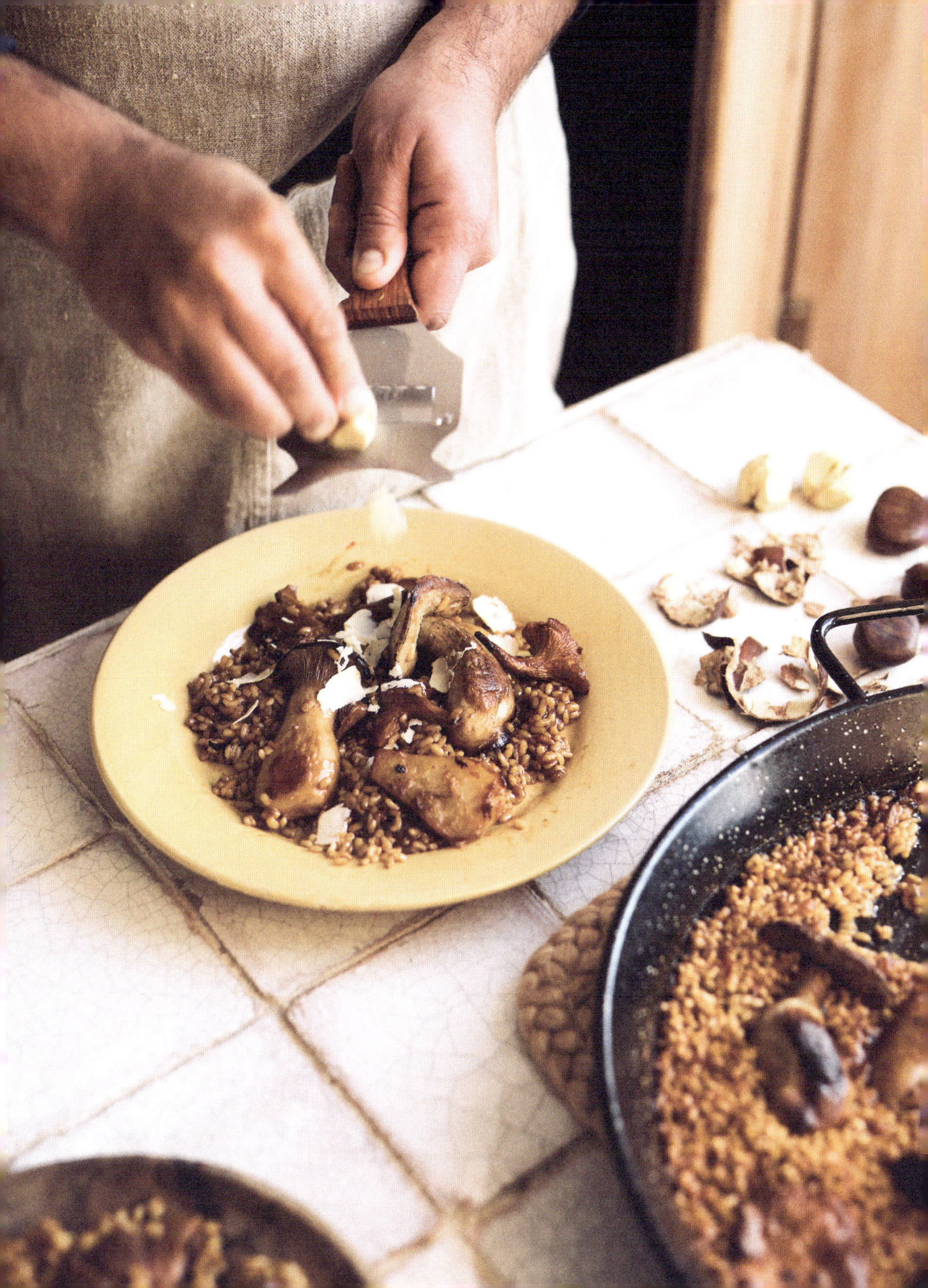

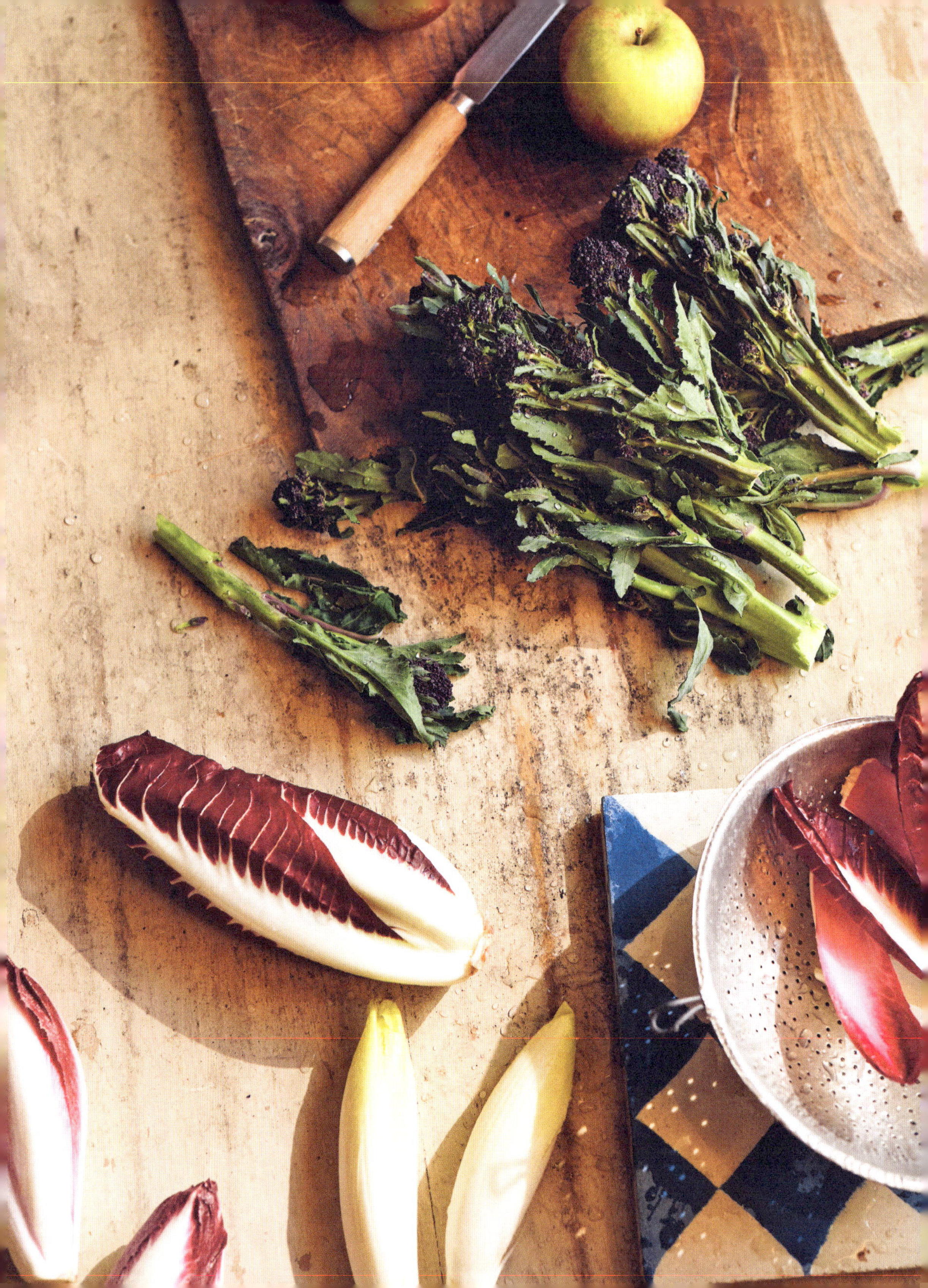

ARROZ DE ENDIVIAS, BRÉCOL Y MANZANA

4 RACIONES **PREPARACIÓN 20 MIN** **COCCIÓN 40 MIN**

Tengo inclinación por los sabores amargos: la escarola, la achicoria, los arándanos rojos, el café y, por supuesto, el chocolate. Para mí estos ingredientes necesitan un poco de ayuda para resaltar su dulzor natural y redondear el plato. Esta receta es un buen ejemplo del papel que puede desempeñar la fruta en los platos salados.

2 litros (8 tazas) de caldo vegetal (receta casera en la p. 163)
0,4 g de azafrán (véase la guía de medidas de la p. 33)
140 ml (½ taza generosa) de aceite de oliva virgen extra
200 g (7 oz) brócoli esparragado
2 endivias, en cuartos a lo largo
2 manzanas, sin corazón y en láminas
6 dientes de ajo, picados finos
1 cucharadita de pimentón dulce ahumado
1 tomate, rallado
440 g (2¼ tazas) de arroz para paella
1 chupito de whisky (o ron)
Unas ramitas de romero
Sal, al gusto

Calienta el caldo en un cazo a fuego lento y añade el azafrán desmenuzado. Mantenlo caliente a fuego mínimo.

Calienta el aceite en una paellera a fuego alto y añade el brócoli, las endivias y las manzanas. Fríelos 10 minutos hasta que caramelicen bien (retira el brócoli pasados 3 minutos), luego sálalos.

Agrega el ajo, seguido del pimentón y el tomate rallado, y sofríe unos 2 minutos hasta que el aceite comience a separarse de la pasta de tomate. Añade el arroz y remueve 2 minutos más, hasta que se recubra con el aceite.

Vierte el whisky y deja que reduzca ligeramente, luego agrega con cuidado el caldo caliente y mezcla bien para distribuir el arroz de manera uniforme. Prueba y rectifica de condimento si es necesario.

Cocina a fuego fuerte 10 minutos, luego añade el romero y el brócoli germinado y continúa cocinando a fuego medio 9 minutos más, sin remover. Deja que el arroz repose apartado del fuego 5 minutos antes de servir.

ARROZ «MORAO»

4 RACIONES   PREPARACIÓN 20 MIN   COCCIÓN 35 MIN

He aquí el plato más orgánico del presente libro y me encanta. Soy un gran aficionado a la remolacha y la cebolla roja, ¡por no mencionar el vino tinto! Esta es una de las paellas más rápidas de preparar, ya que los ingredientes están troceados bastamente y se beneficia del sabor extra que aporta el vino.

1,6 litros (6¾ tazas) de caldo vegetal (receta casera en la p. 163)
0,4 g de azafrán (véase la guía de medidas de la p. 33)
120 ml (½ taza) de aceite de oliva virgen extra
300 g (10 oz) de remolacha, en trozos grandes
2 cebollas rojas, en cuñas
6 dientes de ajo, picados finos
1 cucharadita de pimentón dulce ahumado
1 tomate, rallado
400 g (2 tazas) de arroz para paella
175 ml (¾ de taza) de vino tinto
Unas ramitas de tomillo
Sal y pimienta, al gusto

Calienta el caldo en un cazo a fuego lento y añade el azafrán desmenuzado. Mantenlo caliente a fuego mínimo.

Calienta el aceite en una paellera a fuego alto y añade la remolacha y la cebolla. Fríelas 8 minutos hasta conseguir una bonita caramelización. Sálalas.

Añade el ajo, seguido del pimentón y el tomate rallado, y sofríe unos 2 minutos hasta que el aceite comience a separarse de la pasta de tomate. Agrega el arroz y remueve 2 minutos más, hasta que se recubra con el aceite. Vierte el vino y deja que reduzca por completo.

Añade el caldo caliente y remueve bien para distribuir el arroz de manera uniforme. Sazona con pimienta y agrega las ramitas de tomillo. Prueba el caldo y rectifica de condimento si es necesario. Cocina a fuego fuerte 10 minutos, luego baja la potencia y cuece 9 minutos más, sin remover. Deja que el arroz repose apartado del fuego 5 minutos antes de comer.

ARROZ DE AJETES, HABITAS TIERNAS Y APIO NABO

4 RACIONES   **PREPARACIÓN 20 MIN**   **COCCIÓN 35 MIN**

Estos ingredientes están en su punto a principios de año, por lo que esta es la paella de invierno perfecta.

1,6 litros (6¾ tazas) de caldo vegetal (receta casera en la p. 163)
0,4 g de azafrán (véase la guía de medidas de la p. 33)
120 ml (½ taza) de aceite de oliva virgen extra
300 g (10 oz) de apio nabo, pelado y en trozos grandes
200 g (7 oz) de ajetes
70 g (2½ oz) de habitas
6 dientes de ajo, picados finos
1 cucharadita de pimentón dulce ahumado
1 tomate, rallado
400 g (2 tazas) de arroz para paella
Unas ramitas de orégano
Sal y pimienta, al gusto

Calienta el caldo en un cazo a fuego lento y añade el azafrán desmenuzado. Mantenlo caliente a fuego mínimo.

Calienta el aceite en una paellera a fuego alto, añade el apio nabo y fríelo 8 minutos hasta que caramelice bien. Sálalo. Agrega los ajetes y las habas y sigue friendo 3 minutos más.

Añade el ajo, seguido del pimentón y el tomate rallado, y sofríe unos 2 minutos hasta que el aceite comience a separarse de la pasta de tomate. Agrega el arroz y remueve 2 minutos más, hasta que se recubra con el aceite.

Añade con cuidado el caldo caliente y remueve bien para distribuir el arroz de manera uniforme. Sazona con pimienta y añade las ramitas de orégano. Prueba el caldo y rectifica de condimento si lo crees necesario. Cocina a fuego fuerte 10 minutos, luego baja el fuego y cuece 9 minutos más, sin remover. Deja que el arroz repose apartado del fuego 5 minutos antes de comer.

ARROZ CON ACELGAS
ARRÒÇ EN BLEDES

6 RACIONES **PREPARACIÓN 20 MIN** **COCCIÓN 25 MIN**

Es tradición comer este plato el Día del Padre, el 19 de marzo, San José (mi madre se llama María José, así que siempre celebrábamos este día con toda la familia). No es casualidad que este sea también el último día de la celebración de las Falles de Valencia.

2 litros (8 tazas) de caldo vegetal (receta casera en la p. 163)
0,2 g de azafrán (véase la guía de medidas de la p. 33)
100 ml (½ taza escasa) de aceite de oliva
1 colinabo, pelado y en dados grandes
15 hojas de acelga, hojas y tallos troceados por separado
1 cucharadita de pimentón dulce ahumado
1 tomate grande, rallado
500 g (2½ tazas) de arroz para paella (a mí me gusta la variedad bomba para este plato)
300 g (10 oz) de alubias en lata, aclaradas y escurridas
Sal, al gusto

Pon el caldo en un cazo a fuego lento, añade el azafrán desmenuzado y deja que haga infusión a fuego muy bajo.

Calienta el aceite en una paellera a fuego medio, añade el colinabo y fríelo por todos los lados unos 8 minutos hasta que esté ligeramente caramelizado. Añade los tallos de acelga picados y fríelos otros 5 minutos.

Agrega el pimentón y el tomate rallado y sofríe 2 minutos hasta que el aceite comience a separarse de la pasta de tomate. Vierte el caldo y cocina 5 minutos a fuego lento.

Añade el arroz, las alubias y las hojas de acelga picadas y cuece a fuego medio 17 minutos, removiendo con frecuencia para evitar que las alubias se peguen en el fondo de la sartén. Prueba y rectifica de condimento antes de servir.

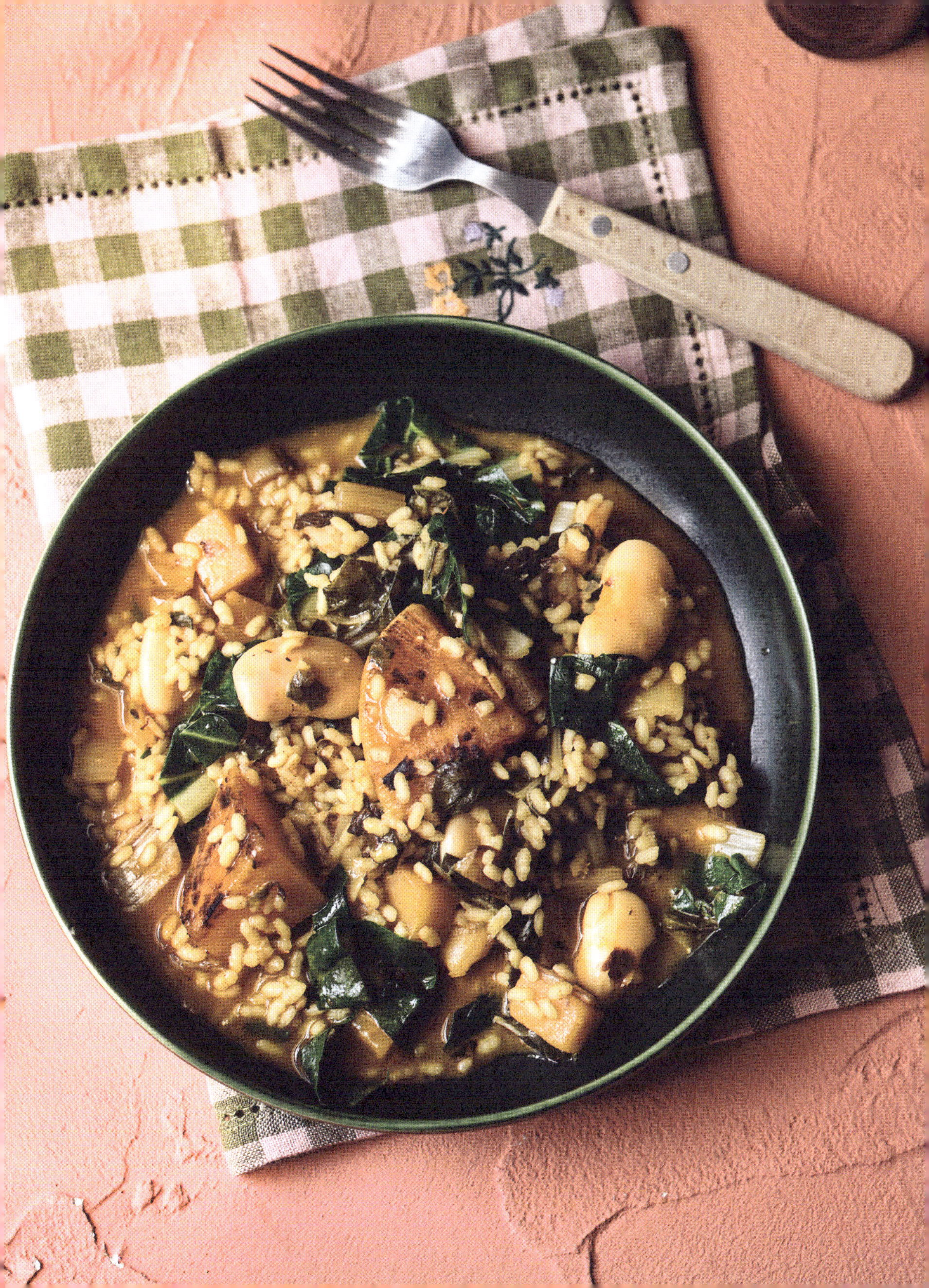

ARROZ DE SETAS

4 RACIONES   **PREPARACIÓN 30 MIN**   **COCCIÓN 30 MIN**

Me encantan las setas, y especialmente recogerlas es una gran oportunidad para salir de la ciudad y pasar un día en el bosque. Solía ir a buscar setas con mis padres; ahora llevo a mis hijos junto con mi querido amigo Dani. Los hongos y el arroz van de la mano y existe una enorme variedad de ellos, así que te insto a que elijas una variedad diferente en tu mercado y la pruebes en una paella. Si te lo puedes permitir, unas virutas de trufa sobre esta paella para una ocasión especial quedan espectaculares.

1,5 litros (6 tazas) de fumet de setas (receta casera en la p. 162)
0,4 g de azafrán (véase la guía de medidas de la p. 33)
160 ml (⅔ de taza generosos) de aceite de oliva virgen extra
500 g (1 lb 2 oz) de hongos silvestres, como setas de ostra, rebozuelos, hongo calabaza, trompetas de la muerte, shiitake
1 cebolla, picada fina
6 dientes de ajo, laminados
1 cucharada de pimentón dulce ahumado
1 tomate pequeño, rallado
440 g (2¼ tazas) de arroz para paella
4 ramitas de tomillo
Una pizca de orégano seco
Sal, al gusto

Calienta el caldo en un cazo a fuego lento y añade el azafrán desmenuzado. Mantenlo caliente a fuego mínimo.

Calienta el aceite en una paellera a fuego alto, añade las setas y saltéalas 5 minutos. Sálalas, agrega la cebolla y fríe 5 minutos más.

Agrega el ajo, seguido del pimentón y el tomate rallado y sofríe unos 2 minutos hasta que el aceite comience a separarse de la pasta de tomate. Añade el arroz y remueve 2 minutos más, hasta que se recubra con el aceite.

Agrega con cuidado el caldo caliente y remueve bien para distribuir el arroz de manera uniforme. Añade las ramitas de tomillo y el orégano, luego prueba y rectifica de condimento. Cuece a fuego fuerte 10 minutos, luego bájalo a media potencia y cuece 9 minutos más, sin remover. Deja que el arroz repose apartado del fuego 5 minutos antes de comer.

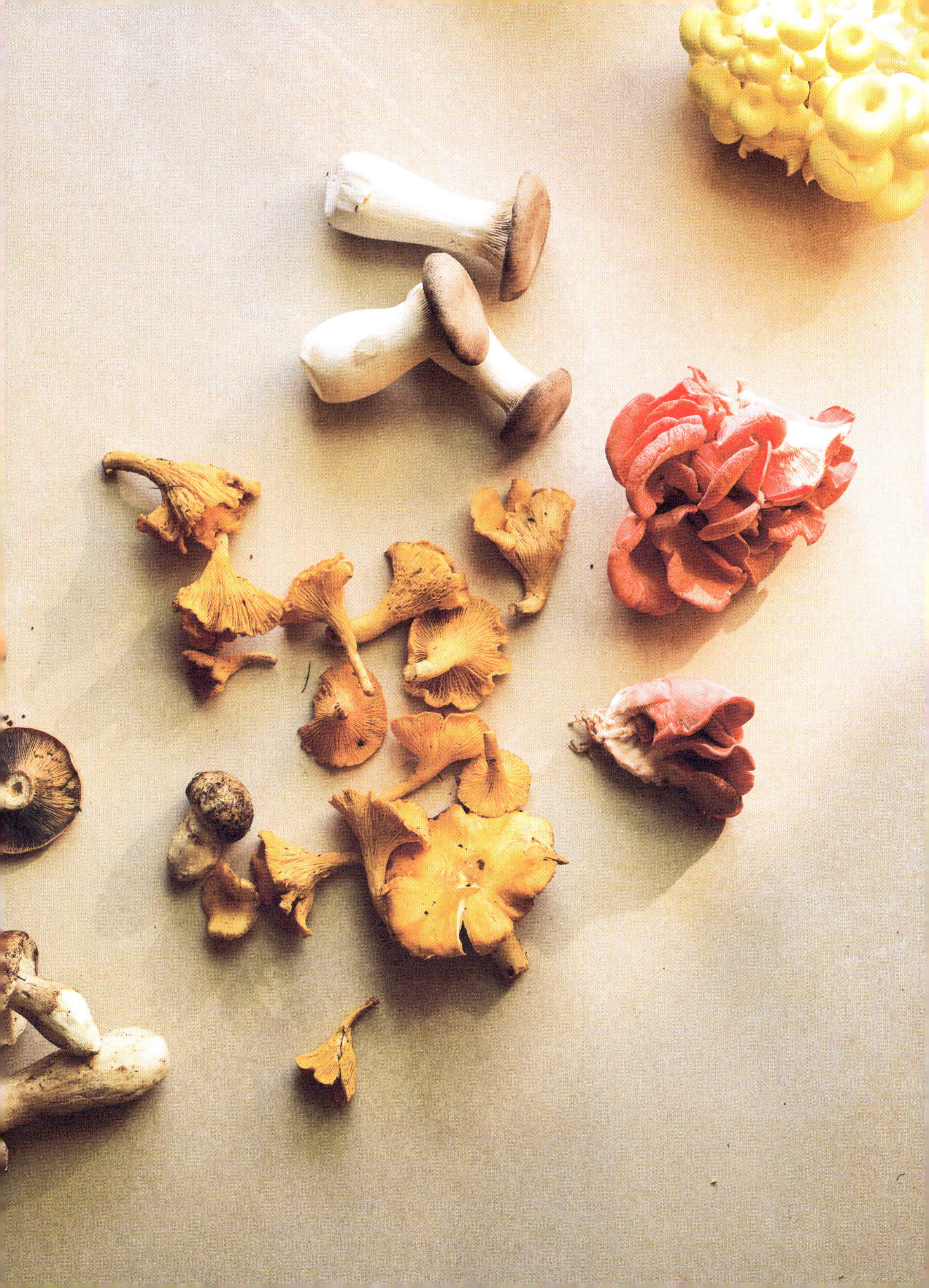

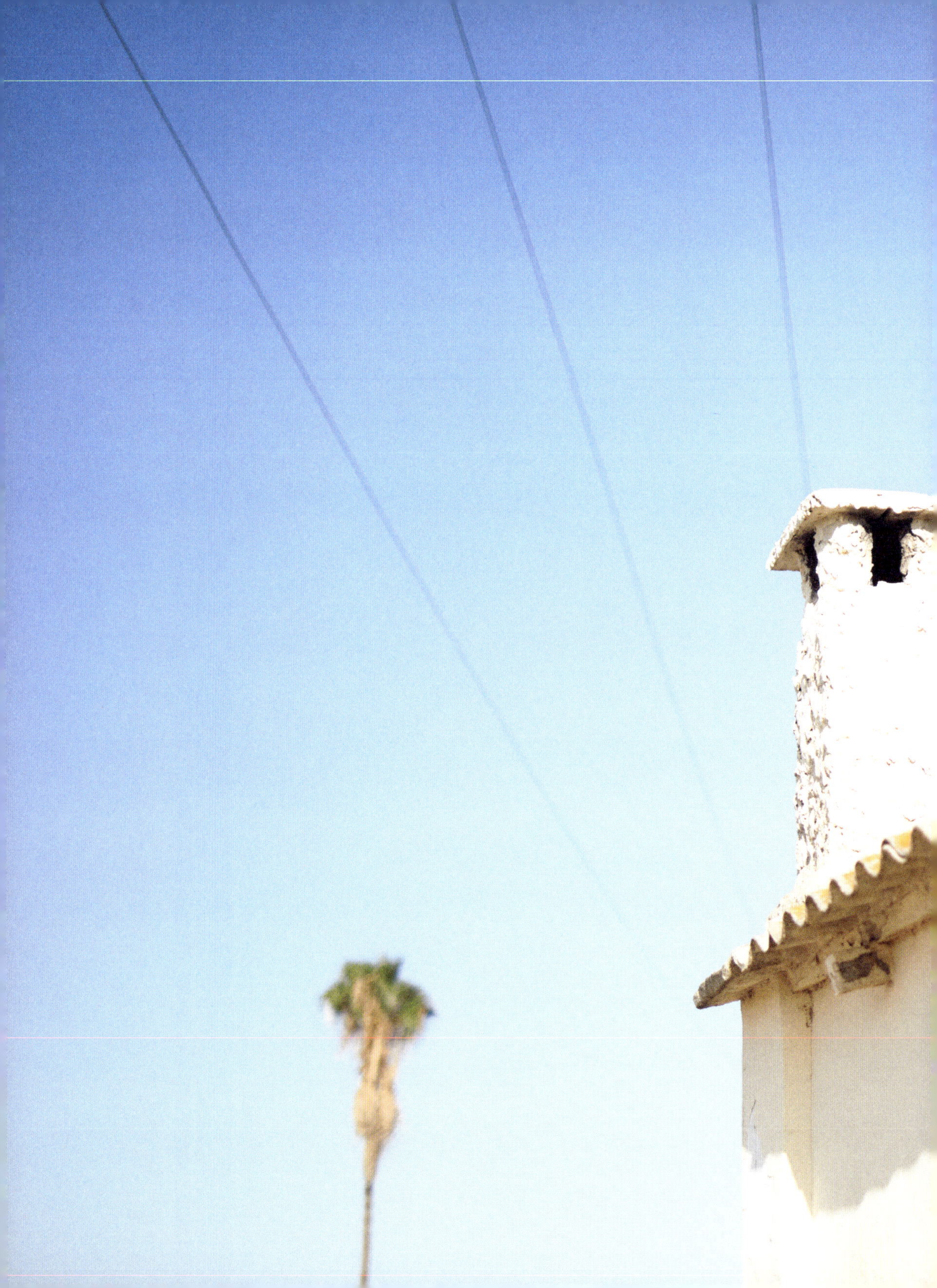

CALDOS Y EXTRAS

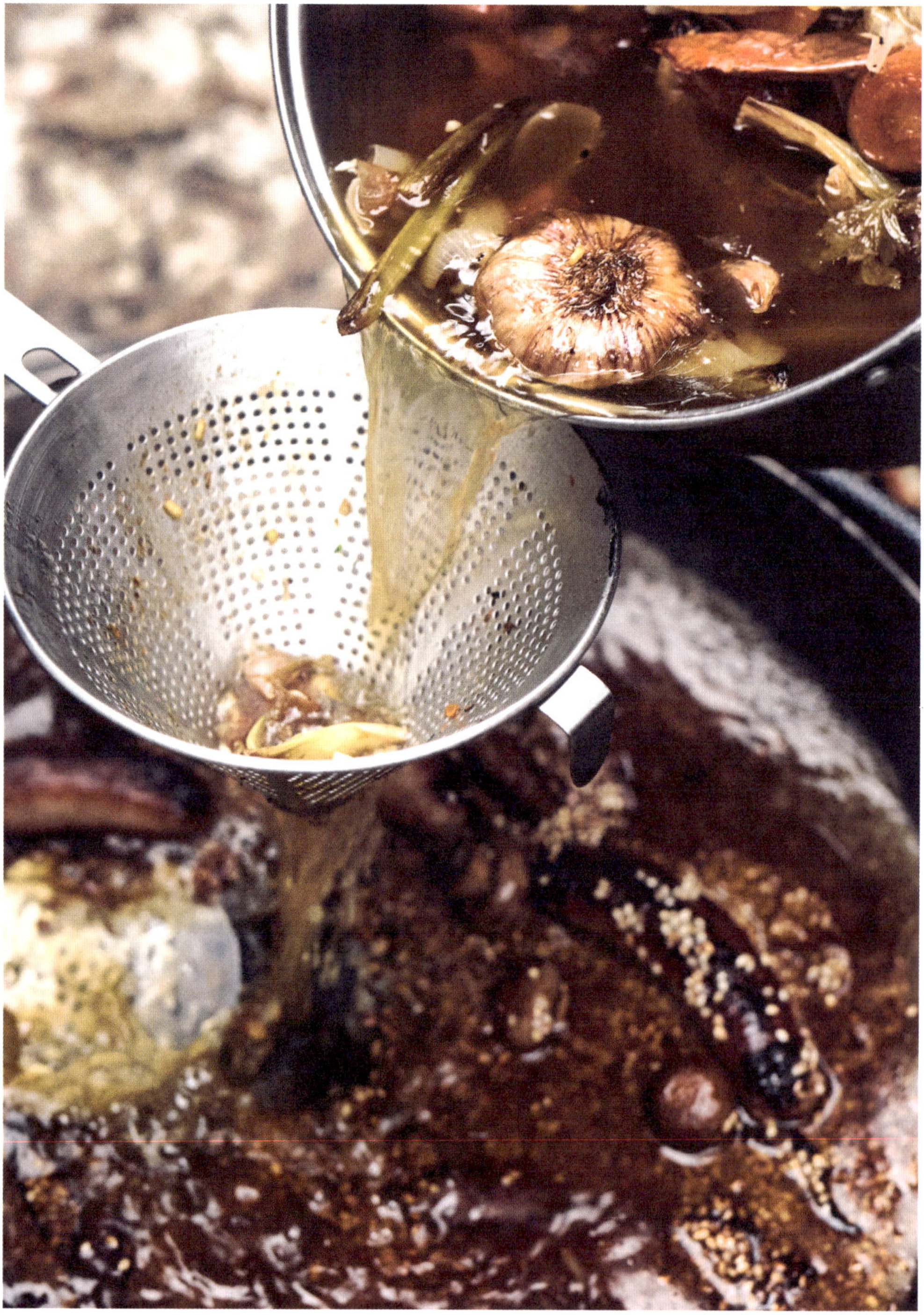

CALDO DE CARNE

SALEN UNOS 3 LITROS (12 TAZAS)

Habitualmente uso este método para elaborar caldo de ternera o cerdo, pero se pueden utilizar otros huesos.

2 cebollas amarillas, en cuñas
1 puerro, troceado
4 zanahorias, troceadas
3 ramas de apio, troceadas
1 tomate, en cuartos
10 dientes de ajo, sin pelar
Un chorrito de aceite de oliva
2 kg (4 lb 8 oz) de huesos de bovino, cerdo, cordero o caza, cortados a lo ancho
2 hojas de laurel
1 clavo
10 granos de pimienta negra
Una pizca de sal
5 ramitas de estragón
2 ramitas de romero
175 ml (¾ de taza) de vino tinto
5 litros (20 tazas) de agua

Precalienta el horno a 210 °C / 410 °F / gas potencia 7.

Pon la cebolla, el puerro, las zanahorias, el apio, el tomate y los ajos en una fuente grande para el horno y rocíalos con aceite. Extiende los huesos en otra fuente de horno. Mételas ambas en el horno aproximadamente 1 hora, o hasta que su contenido se dore, y remueve a media cocción.

Pasa todos los ingredientes a una olla grande, luego pon las fuentes vacías a fuego alto y desglásalas con un chorrito de agua, raspando todos los trozos carbonizados con una cuchara de metal. Vierte estos restos en la olla.

Añade el resto de los ingredientes a la olla y lleva a ebullición a fuego alto, luego baja el fuego y cocina a fuego lento con la tapa puesta aproximadamente 4 horas.

Cuela el caldo en un recipiente limpio. Una vez frío, se conserva en la nevera hasta 5 días o en el congelador hasta 3 meses. Con una cuchara, puedes eliminar fácilmente la grasa que se acumulará en la parte superior del caldo una vez que esté frío.

CALDO OSCURO DE POLLO

SALEN UNOS 2,5 LITROS (10½ TAZAS)

Cuando deseas añadir más sabor a tus platos, la respuesta puede ser a menudo este rico y sabroso caldo de pollo casero. Por supuesto, en ocasiones recurrimos a la opción del cubito de caldo, pero un caldo casero marcará la diferencia en tu paella.

Esta receta puede prepararse con cualquier ave (una de mis favoritas es el faisán), así que ¡tómate la libertad de experimentar!

1 cebolla amarilla, en láminas gruesas
2 zanahorias, troceadas bastamente
2 ramas de apio, en rodajas gruesas
1 tomate, en cuñas
5 dientes de ajo, sin pelar
1 carcasa de pollo, más las alas
Un chorrito de aceite de oliva
1 hoja de laurel
1 clavo
4 granos de pimienta negra
Una pizca de sal
2 ramitas de tomillo
2 ramitas de perejil de hoja plana
1 ramita de romero
1 chupito de brandi
3 litros (12 tazas) de agua

Precalienta el horno a 210 °C / 410 °F / gas potencia 7.

Pon la cebolla, las zanahorias, el apio, el tomate y los ajos en una fuente grande apta para el horno. Extiende los trozos de pollo por encima, rocía con aceite y ásalo en el horno unos 45 minutos, o hasta que se dore todo; remueve los ingredientes cada 15 minutos.

Pásalo todo el contenido de la fuente a una olla, luego pon la fuente vacía a fuego fuerte y desglasa con un chorrito de agua, raspando todos los trozos carbonizados con una cuchara de metal. Vierte estos restos en la olla.

Añade el resto de los ingredientes a la olla y lleva a ebullición a fuego alto, luego baja el fuego y cuece con la tapa puesta unas 2 horas.

Cuela el caldo a un recipiente limpio. Una vez frío, se conserva en el frigorífico hasta 5 días o en el congelador hasta 3 meses. Se acumulará la grasa en la parte superior del caldo una vez que esté frío; puedes eliminarla fácilmente con una cuchara.

CALDO DE PESCADO

SALEN UNOS 4,5 LITROS (19 TAZAS)

Este versátil caldo es ideal para cualquier plato de pescado. Es bastante sutil de sabor y limpio de aspecto. Las espinas de cualquiera de estos pescados servirán: rodaballo, merluza, bacalao, rape, lubina, dorada, lenguado. Evita utilizar pescados grasos, como el salmón, la caballa, la trucha, el atún o las sardinas. Los pescaderos, por lo general, guardan las espinas y cabezas de pescado para caldos y las venden a precio asequible.

2 kg (4 lb 8 oz) de espinas de pescado fresco (véase arriba)
1 zanahoria, en rodajas gruesas
2 cebollas, troceadas bastamente
5 ramas de apio, en rodajas gruesas
2 puerros, en rodajas
1 bulbo de hinojo, en láminas gruesas
175 ml (¾ de taza) de vino blanco
10 granos de pimienta blanca
1 clavo
4 hojas de laurel
5 ramitas de estragón
5 ramitas de perejil de hoja plana
1 cucharadita de semillas de hinojo
5 litros (20 tazas) de agua

En primer lugar, asegúrate de que las espinas estén lo más limpias posible. Enjuágalas con agua fría para que no queden restos de sangre y para verificar que el pescadero haya destripado adecuadamente el pescado.

Añade las espinas a una olla, luego agrega el resto de los ingredientes. Pon la olla a fuego fuerte y deja que hierva. Retira la espuma de la superficie con un cucharón, luego baja un poco el fuego y deja que hierva suavemente 30 minutos, sin remover.

Deja enfriar el caldo apartado del fuego 30 minutos antes de colarlo a través de un tamiz fino a un recipiente limpio. Se conserva en el frigorífico hasta 5 días o en el congelador hasta 3 meses.

CALDO DE MARISCO

SALEN UNOS 4,5 LITROS (19 TAZAS)

Los mariscos en general son de los ingredientes menos utilizados en la cocina doméstica y es una verdadera pena, ya que presentan sabores deliciosos. España es un gran consumidor de marisco e importa grandes cantidades del Reino Unido y más allá. Esta receta de caldo es la base para cualquier gran plato o salsa de mariscos.

500 g (1 lb 2 oz) de cigalas
500 g (1 lb 2 oz) de gambas, sin pelar
3 cucharadas aceite de oliva ligero
3 hojas de laurel
1 cabeza de ajos entera, dientes pelados
200 g (7 oz) de cebolla, troceada bastamente
200 g (7 oz) de zanahoria, troceada bastamente
200 g (7 oz) de puerro, troceado bastamente
150 g (5 oz) de apio, troceado bastamente
1 tomate (opcional)
1 cucharadita de semillas de hinojo
1 ramita de romero
3 ramitas de perejil de hoja plana
1 chupito de brandi
100 ml (½ taza escasa) de vino blanco
5 litros (20 tazas) de agua
Una pizca de pimienta negra

En primer lugar, retira la cáscara y las cabezas de las cigalas y las gambas. Aprovecha las colas limpias para una sensacional paella de marisco.

Calienta el aceite en una olla a fuego fuerte y añade las cabezas y cáscaras del marisco. Fríelas 3 minutos, después añade las hojas de laurel, el ajo y las verduras, y sofríelos 10 minutos más, removiendo con frecuencia.

Añade las semillas de hinojo, el romero y el perejil. Vierte el brandi y deja reducir, luego añade el vino blanco. Deja que reduzca por completo y luego agrega el agua. Lleva a ebullición y elimina la espuma de la superficie con un cucharón. Baja el fuego, sazona con pimienta y cocina a fuego lento con la tapa puesta 1 hora y media.

Dispón un colador sobre un bol grande o una cacerola y cuela cuidadosamente el caldo, luego cuélalo nuevamente, esta vez a través de un tamiz forrado con muselina o gasa. Pásalo a un recipiente hermético. Se conserva en el frigorífico hasta 5 días o en el congelador hasta 3 meses.

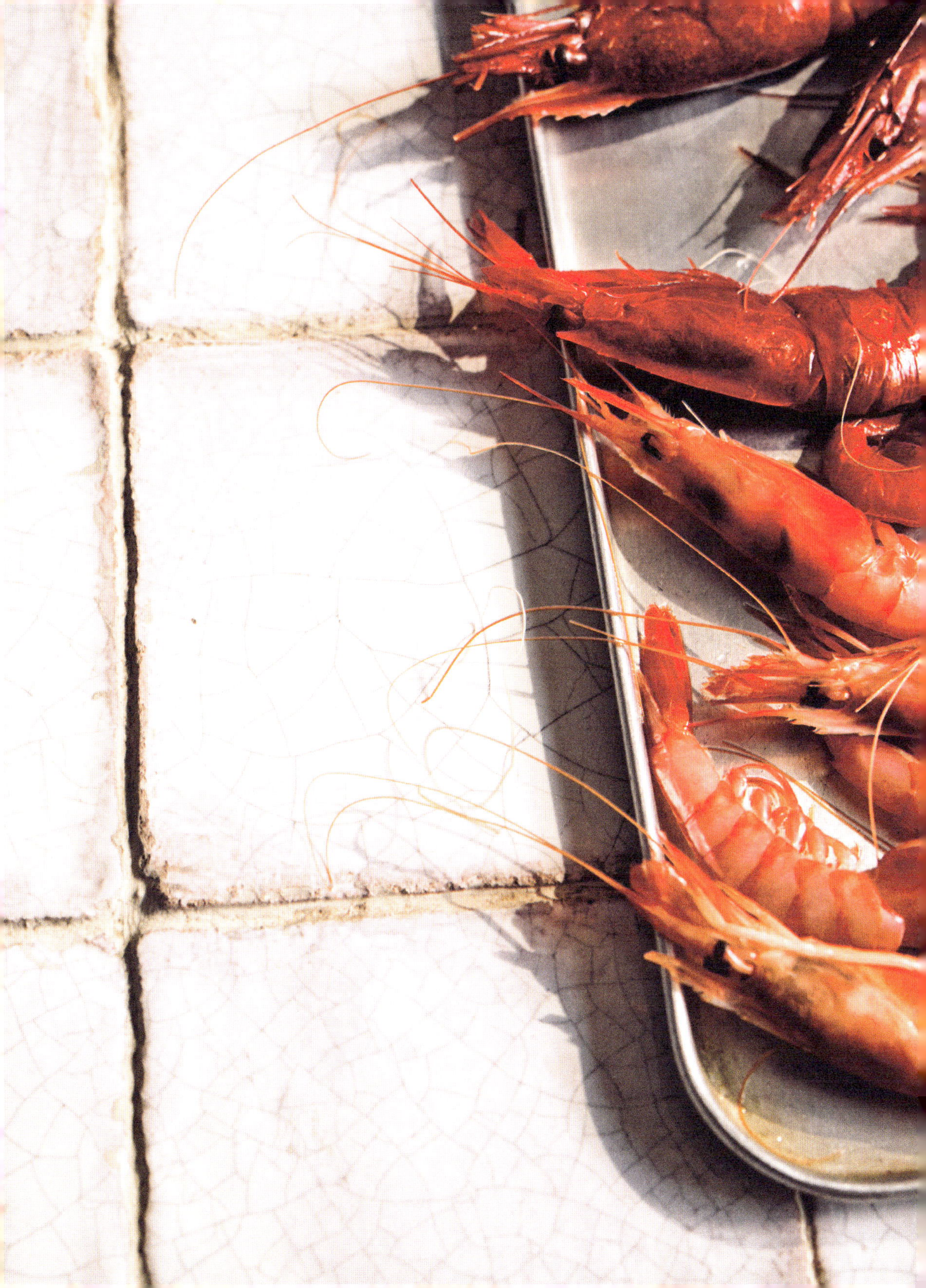

FUMET DE SETAS

SALEN UNOS 2,5 LITROS (10½ TAZAS)

Me encanta recoger setas y en otoño las busco en mis paseos. Me encanta una buena paella caldosa de hongos preparada con fumet de setas, que le da al plato un agradable sabor a tierra. Me gusta que mis platos con setas presenten un sabor puro, como si uno degustara y oliera el bosque.

- 100 ml (½ taza escasa) de aceite de oliva
- 1 cebolla amarilla grande, en láminas finas
- 1 rama de apio, troceado fino, las hojas reservadas
- 250 g (9 oz) de champiñones, limpiados con un trapo humedecido y luego laminados finos
- 1 hoja de laurel
- 4 dientes de ajo, un poco chafados
- 1 cucharadita de semillas de hinojo
- 1 chupito de brandi
- 3 litros (12 tazas) de agua
- 50 g (2 oz) de hongos calabaza o shiitake secos
- 2 ramitas de tomillo
- Sal y pimienta

Dispón una olla a fuego medio y añade el aceite, la cebolla y el apio troceado. Sofríelos 5 minutos, luego agrega las setas, la hoja de laurel y el ajo y saltéalos 10 minutos más. Añade las semillas de hinojo, salpimienta, agrega el brandi y deja reducir.

Vierte el agua, luego añade las setas secas, el tomillo y las hojas del apio. Cocina a fuego lento con la tapa puesta 45 minutos.

Cuela a través de un colador fino a un recipiente grande y consérvalo en el frigorífico o el congelador una vez que esté frío.

CALDO OSCURO DE VERDURAS

SALEN UNOS 4,5 LITROS (19 TAZAS)

Déjame presentarte el caldo de verduras que va a transformar el sabor de cualquier plato vegano o vegetariano. A la mayoría de los que seguimos una dieta flexitariana, creo que nos cuesta encontrar profundidad de sabor de recetas y platos, ya sea en casa o en restaurantes. Les falta la delicadeza, capas de sabor y, sobre todo, una sensación de plenitud increíblemente satisfactoria. Este caldo va a dar el máximo sabor a cualquier receta: tus paellas, salsas y sopas nunca volverán a ser las mismas.

5 zanahorias
1 chirivía
1 bulbo de hinojo
½ manojo de apio
4 puerros, solo las partes verdes (reserva las blancas para otro uso)
2 tomates
3 chalotes
1 cabeza de ajos entera, partida por la mitad
4 cucharadas de aceite de oliva
5 litros (20 tazas) de agua fría
6 granos de pimienta negra
2 vainas de cardamomo
½ cucharadita de chipotle ahumado
½ cucharadita de semillas de hinojo
2 clavos
3 hojas de laurel
5 ramitas de perejil de hoja plana
3 ramitas de estragón
6 ramitas de tomillo
30 g (1 oz) de hongos calabaza secos
1 vaso grande de vino blanco
Sal

Precalienta el horno a 250 °C / 475 °F / gas potencia 9.

Lava y pela la zanahoria y la chirivía. Añade las pelas a una olla. Retira las hojas tiernas tanto del hinojo como del apio y añádelas también. Pica todas las verduras: las partes verdes del puerro, los tomates, los chalotes y la zanahoria, la chirivía, el apio y el hinojo restantes, y disponlo todo en una fuente grande junto con la cabeza de ajo cortada por la mitad.

Rocía las verduras con un poco de aceite de oliva, sálalas y ásalas en el horno 45 minutos, mezclando dos veces durante el proceso de cocción para que se doren de manera uniforme.

Mientras tanto, llena la olla con agua fría y añade todas las especias, hierbas y setas. Llévalo a ebullición, luego baja el fuego y deja que hierva a fuego lento.

Cuando las verduras asadas estén listas, desglasa la fuente con el vino blanco, raspa los restos carbonizados y añádelos a la olla. Cocina a fuego lento con la tapa un mínimo de 2 y un máximo de 4 horas. Cuela a través de un colador fino a un recipiente grande y consérvalo en el frigorífico o el congelador una vez que esté frío.

SALMORRETA

SALEN UNOS 200 G (7 OZ)

La salmorreta es en esencia un sofrito elaborado con ajo, ñoras y tomates. Está repleto de sabor umami y es fundamental para muchas paellas. Normalmente, se usa en lugar de tomate rallado: un tomate mediano debe sustituirse por 2 cucharadas de salmorreta. Se trata de una receta básica muy útil y sabrosa para cocinar paellas, en especial en un restaurante, donde no se dispone de tiempo para cocinar la paella desde cero como en casa. Dicho esto, no es solo una cuestión práctica; la salmorreta ofrece un sabor particular, más habitual en las paellas cocinadas en el sur de la provincia de Alicante. A mí me gusta describirla como un potenciador del sabor. No hay paella cocinada con salmorreta que quede sosa, te lo garantizo.

50 ml (¼ taza escasa) de aceite de oliva virgen extra
5 dientes de ajo, pelados
5 ñoras secas, en trozos de 2 cm (¾ in)
3 ramitas de perejil de hoja plana, troceado bastamente
3 tomates (unos 400 g /14 oz), rallados

Añade el aceite en una cacerola pequeña con el ajo. Sofríelo a fuego medio unos 5 minutos hasta se dore ligeramente. Agrega las ñoras y sofríe, removiendo con frecuencia, 2 minutos más o hasta que comiencen a oscurecer y desprendan su particular aroma ahumado y a nuez. Vigila para que no se quemen porque, como el ajo, se vuelven amargas.

Añade el perejil y fríelo 1 minuto antes de añadir el tomate. Baja el fuego y cocina unos 45 minutos hasta que la salsa se reduzca a una pasta.

Tritúrala en un procesador de alimentos o batidora hasta que quede suave y pásala a un recipiente hermético una vez que esté fría. Se conserva hasta 5 días refrigerada, pero como esta receta es suficiente para 10 porciones, si no la vas a usar toda, congélala en una bandeja de cubitos de hielo, lista para tu próxima paella.

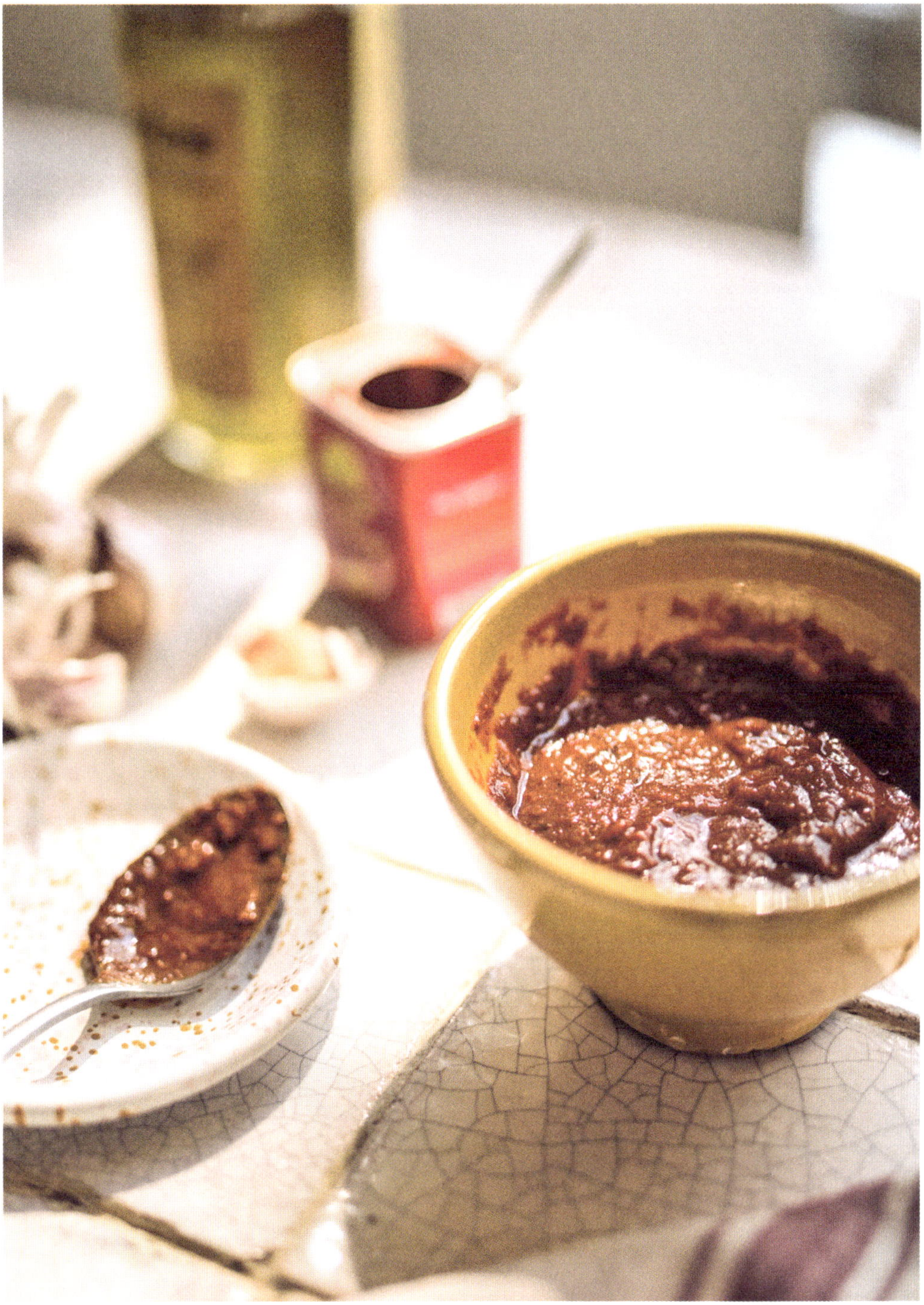

ALIOLI

SALEN UNOS 200 G (7 OZ)

Esta salsa es como el kétchup español; es sin duda la más consumida con arroz, en su mayor parte en la costa mediterránea, de donde es originaria. Nada supera nuestro amor por el ajo, y esta salsa es el epítome de ello. Aquí ofrezco una selección de estilos bastante distintivos de alioli, una receta «original» y tres variaciones: todas me encantan y las uso con frecuencia.

ALIOLI ORIGINAL
3 dientes de ajo, pelados y cortados por la mitad a lo largo
½ cucharadita de sal
150 ml (2/3 de taza generosos) de aceite de oliva virgen extra

A menos que tus dientes de ajo sean muy tiernos, te sugiero que elimines el germen (los pequeños brotes verdes del interior), ya que pueden hacer que el ajo tenga un sabor amargo, especialmente si no se cocina, como aquí. Desecha los gérmenes y pica los ajos finamente.

Ponlos, con la sal, en un mortero y machácalos hasta obtener una pasta muy muy (¡lo digo en serio!) suave.

Ahora añade el aceite. Puedes continuar usando el mortero si lo deseas o bien pasar la pasta de ajo a un cuenco más grande y usar un batidor: el sabor será el mismo, pero con el batidor, el alioli resultante será de color más claro. Comienza a agregar el aceite en forma de hilo fino, mezclando todo el tiempo. La idea es conseguir que el aceite emulsione con la sal y la pasta de ajo. Sigue añadiendo aceite hasta que se agote.

ALIOLI DE LECHE
6 cucharadas de leche
1 cucharadita de mostaza de Dijon o inglesa
1 diente de ajo
½ cucharadita de sal
150 ml (⅔ de taza generosos) de aceite de oliva ligero

ALIOLI TIPO MAYONESA
1 huevo
2 dientes de ajo
½ cucharadita de sal
1 cucharada de zumo de limón
50 ml (¼ de taza escasa) de aceite vegetal
100 ml (½ taza escasa) de aceite de oliva virgen extra

ALIOLI DE AJO ASADO
1 cabeza de ajos, asada entera a 200 °C / 400 °F / gas potencia 6, 20 min, enfriada y la pulpa extraída
1 huevo
½ cucharadita de sal
1 cucharada de zumo de limón
150 ml (⅔ de taza generosos) de aceite de oliva ligero

Para las variaciones, recomendaría usar el siguiente método. Pon todos los ingredientes, excepto el aceite, en una batidora de vaso o una jarrita pequeña. Tritúralos (o usa una batidora de brazo) para combinarlo todo hasta que quede una pasta suave, luego vierte lentamente el aceite en forma de hilillo hasta que emulsione por completo.

Solución de problemas: Si tienes la mala suerte de que se te corte el alioli, añade un chorrito de agua fría en un recipiente limpio, y ve agregando despacio el alioli cortado (como haces con el aceite) a la vez que bates. Debería religarse en forma de alioli suave.

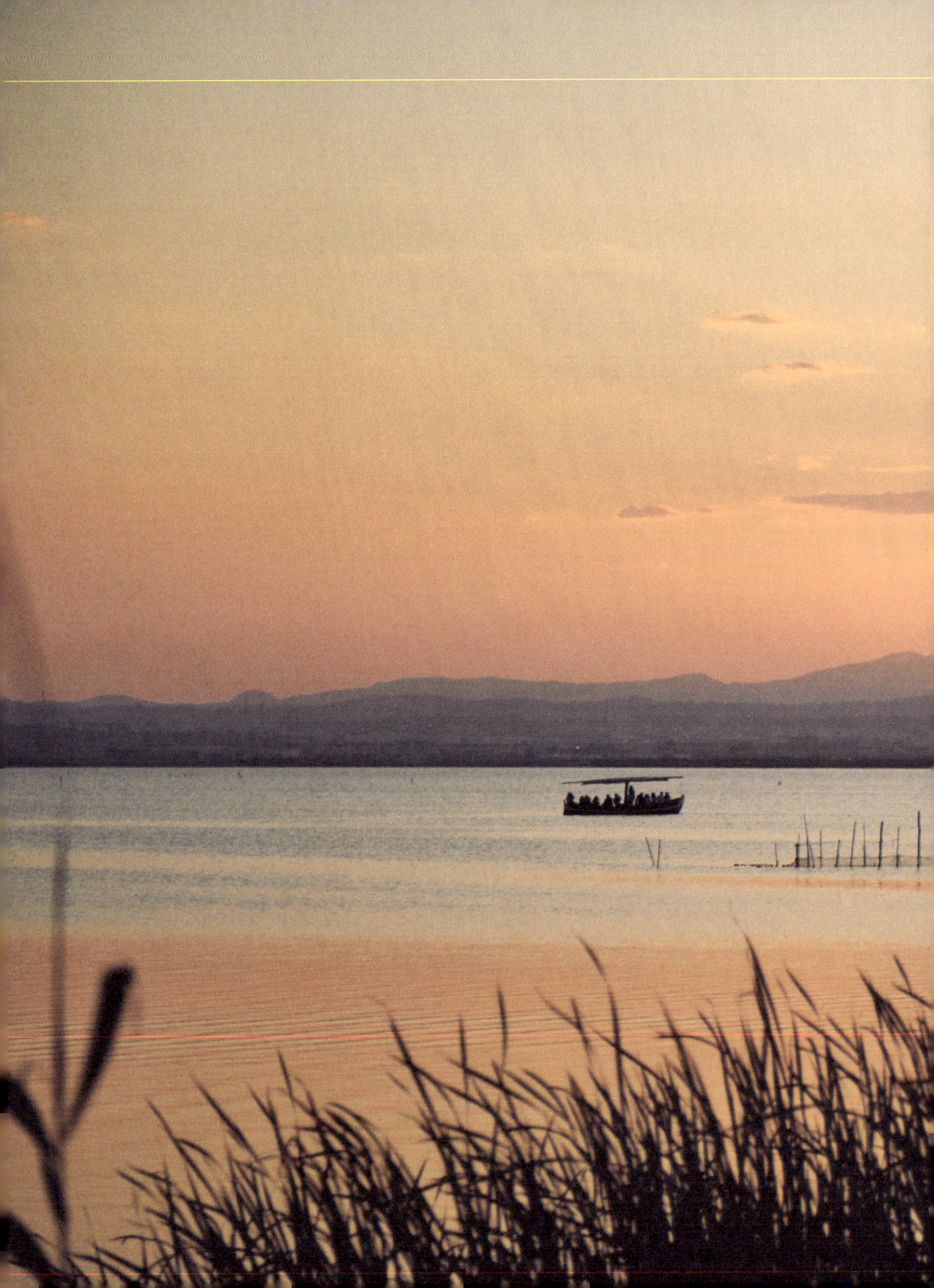

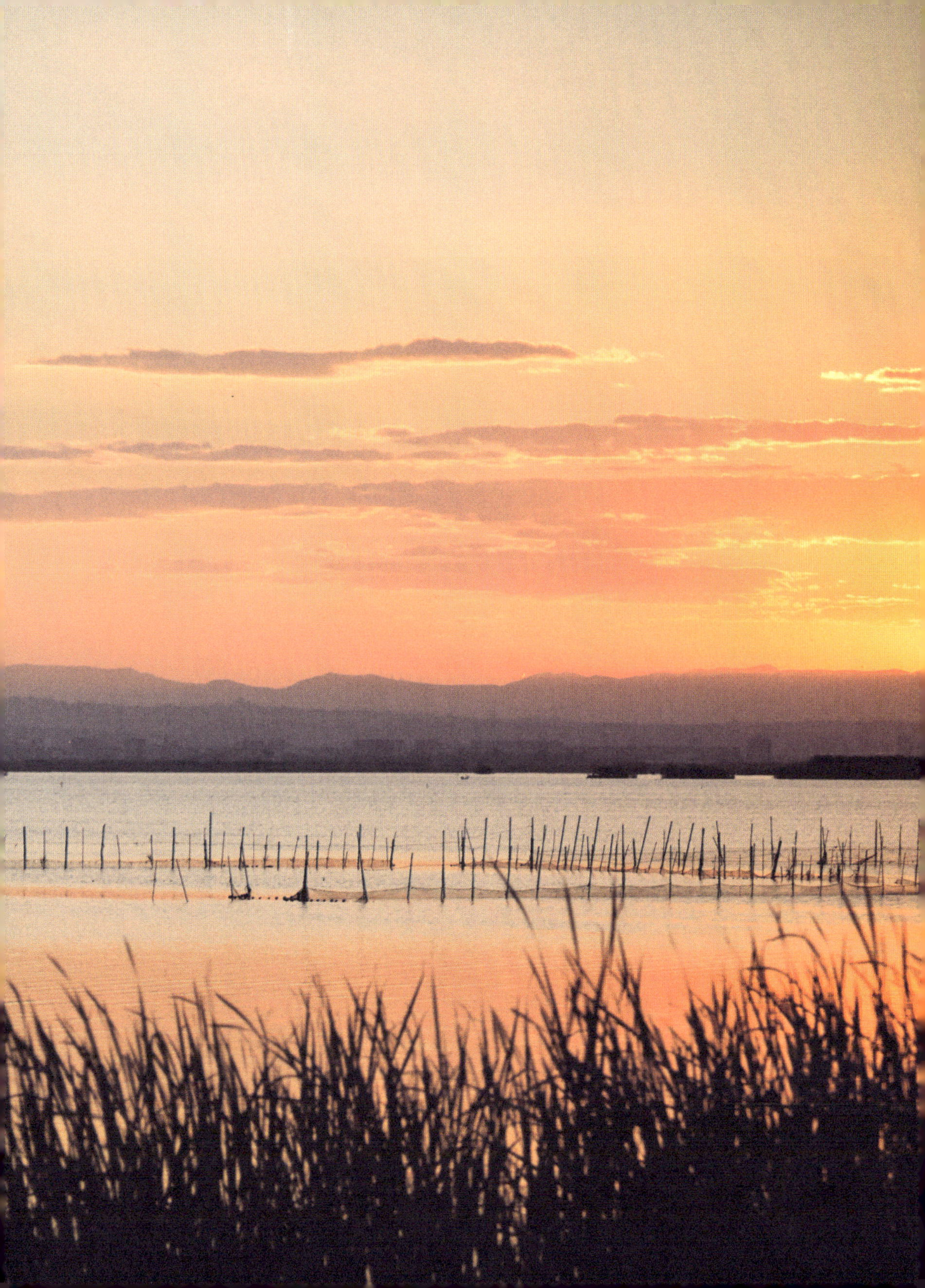

TU PAELLA

RACIONES: **PREPARACIÓN:** **COCCIÓN:**

Cada uno de nosotros prefiere ingredientes distintos, y todos disponemos de utensilios y sartenes en casa que condicionarán los resultados al cocinar. Aquí es donde quiero que anotes tus propias experiencias con las primeras paellas: lo que te gustó y lo que no te gustó, las proporciones de arroz y caldo que usaste y los resultados obtenidos. Incluso cómo clavaste el socarrat perfecto. Estas notas te ayudarán a ir mejorando hasta que claves TU PAELLA, y gane fama entre tus familiares y amigos.

INGREDIENTES **INSTRUCCIONES**

....
....
....
....
....
....
....
....
....
....
....

.... **NOTAS**

....
....
....

ÍNDICE

A
aceite 29-30
acelgas:
  arroz caldoso de acelgas y judías blancas 138
  arroz con acelgas 150
ajetes: arroz de ajetes, habitas tiernas y apio nabo 149
ajo 28-9
  alioli 166-7
ajo silvestre: arroz de brécol, alcachofa y ajo silvestre 137
alcachofas:
  arroz de brécol, alcachofa y ajo silvestre 137
  arroz de cerdo y alcachofa 96
  arroz de costilla, alcachofa y habitas tiernas 73
  arroz de pollo, alcachofa e hinojo 83
  arroz meloso con alcachofas y jamón 98
alioli 35, 166-7
almejas: arroz de cigalas, gambas y almejas 122
almendras: arroz de codorniz y almendras 68
alubias:
  arroz caldoso de acelgas y judías blancas 138
  arroz con acelgas
  arroz con alubias y nabos 90
  arroz empedrado 107
anguila:
  arroz caldoso de anguila 130
  arroz de pato y anguila 80
arroz 27-8
  arroz al horno 63
  arroz caldoso de acelgas y judías blancas 138
  arroz caldoso de anguila 130
  arroz caldoso de batata, chorizo y espinacas 79
  arroz caldoso de bogavante 117
  arroz con alubias y nabos 90
  arroz con acelgas 150
  arroz de brécol, alcachofa y ajo silvestre 137

  arroz empedrado 107
  arroz meloso con alcachofas y jamón 98
  arroz meloso de bacalao y sepia 113
  arroz meloso de bonito y calamares 119
  arroz meloso de lacón ahumado y espárragos 66
  arroz meloso de puerros y calabacín 143
  arroz meloso de secreto ibérico y cerveza 65
  arroz negro 108
  cocinar 48-9
  véanse también las recetas individuales de paella
arroz caldoso:
  arroz caldoso de anguila 130
  arroz caldoso de bogavante 117
  arroz en bledes 150
  arroz meloso de puerros y calabacín 143
arroz meloso:
  arroz con alubias y nabos 90
  arroz empedrado 107
  arroz meloso con alcachofas y jamón 98
  arroz meloso de bacalao y sepia 113
  arroz meloso de bonito y calamares 119
  arroz meloso de lacón ahumado y espárragos 66
  arroz meloso de secreto ibérico y cerveza 65
azafrán 32-3
  arroz a la ampurdanesa 61

B
bacalao:
  arroz empedrado 107
  arroz meloso de bacalao y sepia 113
batata: arroz caldoso de batata, chorizo y espinacas 79
bogavante, arroz caldoso de 117
brécol:
  arroz de brécol, alcachofa y ajo silvestre 137
  paella verde 135
brócoli esparragado: arroz de endivias, brécol y manzana 147

C

calabacín: arroz meloso de puerros y calabacín 143
calabaza: arroz de berenjena y calabaza 142
calamar:
   arroz caldoso de bogavante 117
   arroz de cigalas, gambas y almejas 122
   arroz de gambas y mejillones 126
   arroz de rape y chipirones 110
   arroz de salmonete y calamar 103
   arroz del señorito 104
   arroz meloso de bonito y calamares 119
   fideuá 114
   paella mixta 94
caldo 35, 44-8
   caldo de carne 157
   caldo de marisco 160
   caldo de pescado 159
   caldo oscuro de pollo 158
   caldo oscuro de verduras 163
   fumet de setas 162
carne:
   caldo de carne 157
   paella mixta 94
castañas: arroz de tupinambo, setas y castañas 144
cebolla:
   arroz de salchicha, cebolla roja y champiñones 85
   arroz «morao» 148
cerdo:
   arroz con alubias y nabos 90
   arroz de albóndigas y judías verdes 89
   arroz de cerdo y alcachofa 96
   arroz de costilla, alcachofa y habitas tiernas 73
   arroz de costilla, coliflor y salchicha 95
   arroz de matanza 58
   arroz meloso de secreto ibérico y cerveza 65
cerveza: arroz meloso de secreto ibérico y cerveza 65
chorizo:
   arroz al horno 63
   arroz caldoso de batata, chorizo y espinacas 79
   arroz de matanza 58
cigalas: arroz de cigalas, gambas y almejas 122

ciruelas: arroz de alitas, ciruelas pasas y jerez dulce 74
coliflor:
   arroz de costilla, coliflor y salchicha 95
   arroz de salmón y coliflor 129
conejo:
   arroz a la ampurdanesa 61
   paella valenciana 52-3

E, F

espárragos:
   arroz de shiitakes, espárragos y jamón ibérico 75
   arroz meloso de lacón ahumado y espárragos 66
espinacas:
   arroz caldoso de batata, chorizo y espinacas 79
   paella verde 135
fuentes de calor 41-3

G

gambas:
   arroz de cigalas, gambas y almejas 122
   arroz de gambas y mejillones 126
   arroz del señorito 104
   arroz negro 108
   fideuá 114
   paella mixta 94
garbanzos:
   arroz al horno 63
   arroz de carrilleras 57

H, I, J

habas:
   arroz de ajetes, habitas tiernas y apio nabo 149
   arroz de costilla, alcachofa y habitas tiernas 73
hinojo: arroz de pollo, alcachofa e hinojo 83
hortalizas:
   caldo oscuro de verduras 163
   paellas vegetales 132-53
ingredientes 27-35
jamón:
   arroz al horno 63
   arroz de shiitakes, espárragos y jamón ibérico 75

arroz meloso con alcachofas y jamón 98
arroz meloso de lacón ahumado y espárragos 66
jerez: arroz de alitas, ciruelas pasas y jerez dulce 74
judías blancas: arroz caldoso de acelgas y judías blancas 138
judías verdes:
   arroz de albóndigas y judías verdes 89
   arroz de cerdo y alcachofa 96
   arroz de pato y anguila 80
   arroz meloso de bacalao y sepia 113
   paella valenciana 52-3

M, N, Ñ

manzanas: arroz de endivias, brécol y manzana 147
marisco:
   arroz caldoso de anguila 130
   arroz caldoso de bogavante 117
   arroz de cigalas, gambas y almejas 122
   arroz de gambas y mejillones 126
   arroz de pulpo y mejillones 118
   arroz de rape y chipirones 110
   arroz de salmonete y calamar 103
   arroz del señorito 104
   arroz meloso de bacalao y sepia 113
   arroz meloso de bonito y calamares 119
   arroz negro 108
   caldo de marisco 160
   caldo de pescado 159
   fideuá 114
   paella mixta 94
mejillones:
   arroz de gambas y mejillones 126
   arroz de pulpo y mejillones 118
   paella mixta 94
morcilla: arroz al horno 63
nabo: arroz con alubias y nabos 90
ñoras 34
   salmorreta 164

P

paella:
   elementos clave 44
   ingredientes 27-35
   utensilios 36-43

paella valenciana 52-3
paella verde 135
panceta:
   arroz de matanza 58
   arroz de pollo, peras y panceta 76
pasta:
   arroz al horno 63
   fideuá 114
peras: arroz de pollo, peras y panceta 76
pescado:
   arroz a banda 125
   arroz de rape y chipirones 110
   arroz de salmón y coliflor 129
   arroz de salmonete y calamar 103
   arroz del señorito 104
   arroz empedrado 107
   arroz meloso de bacalao y sepia 113
   arroz meloso de bonito y calamares 119
   caldo de pescado 159
pimentón 30
pimiento:
   arroz de codorniz y almendras 68
   arroz empedrado 107
   arroz meloso de bonito y calamares 119
pollo:
   arroz a la inglesa 86
   arroz al horno 63
   arroz de alitas, ciruelas pasas y jerez dulce 74
   arroz de pollo, alcachofa e hinojo 83
   arroz de pollo, peras y panceta 76
   caldo oscuro de pollo 158
   paella mixta 94
   paella valenciana 52-3
puerros: arroz meloso de puerros y calabacín 143

R

rape:
   arroz a banda 125
   arroz de rape y chipirones 110
   arroz del señorito 104

S

salchichas:
   arroz a la ampurdanesa 61
   arroz amb con alubias y nabos 90
   arroz de costilla, coliflor y salchicha 95

arroz de salchicha, cebolla roja
  y champiñones 85
salmorreta 164
sartenes 36-9
sepia: arroz negro 108
setas:
  arroz a la ampurdanesa 61
  arroz de salchicha, cebolla roja
    y champiñones 85
  arroz de setas 152
  arroz de shiitakes, espárragos y jamón
    ibérico 75
  arroz de tupinambo, setas y castañas 144
  fumet de setas 162
socarrat 49

T
ternera:
  arroz al horno 63
  arroz de tuétano y filete de ternera 71
tinta de calamar: arroz negro 108
tirabeques: arroz a la inglesa 86
tomate 34
tupinambo: arroz de tupinambo, setas
  y castañas 144

V
vino tinto: arroz «morao» 148

Z
zanahorias: arroz de carrilleras 57

AGRADECIMIENTOS

Este libro es poco convencional en el sentido de que a pesar de que me ha llevado solo un par de años redactarlo, he ido acumulando el conocimiento para escribirlo durante mucho tiempo. Mucha gente ha contribuido a ello, y sería imposible enumerarlos a todos aquí. Dicho esto, en un reciente viaje a Valencia, un grupo de magníficos chefs, a los que ahora puedo llamar amigos, me ayudaron inmensamente compartiendo sus conocimientos en la cocina, en los arrozales o en su falla (colectivo cultural). Me siento enormemente agradecido por toda la sabiduría que me trasladaron. Gracias por su hospitalidad y generosidad a César de Nou Manolín, a Marcos de Arrocería Las Bairetas, a Edu de Molino Roca, a Juan de Arroz Tartana, a Manuel de Casa Manolo, a Alex de FoodVac, a Segundo de Rincón del Varadero y a Toni de Restaurante Elías. Todos ellos, restaurantes que recomiendo encarecidamente.

Un agradecimiento especial a mi querido amigo Dani, que me ayudó a comenzar a escribir este libro, por su compañía en este viaje. Como de costumbre, ha sido muy divertido.

Al frente de mis pensamientos, gracias a mi pareja, Sandra, ¡sin duda, la más inteligente de los dos! Eres nuestra estrella brillante y te admiro. Gracias por cuidar al máximo de nuestros pequeños Edu, Oscar y Noah. Gracias por tu tan genuino apoyo.

Gracias a mis padres y a mi suegra, por estar ahí incondicionalmente y ayudarnos más de lo que podríamos desear. Hacéis nuestras vidas mucho mejores y nos permitís un poco más de libertad en plenos años de arduo trabajo y de construcción de nuestra joven familia. Nos sentimos eternamente agradecidos.

Gracias a mis socios, que siempre me apoyan y cuidan de los restaurantes y de nuestros huéspedes, sin los cuales todo sería algo más difícil.

Gracias a todo el equipo de Quadrille: particularmente a Sarah, Harriet, Alicia, Clare, por creer en mí y trabajar con tanta inteligencia y empeño en este libro, del que no podría estar más orgulloso.

Gracias a Facundo (para quien este libro ha sido su opera prima), a Lola, Rodo y todo el equipo por la exquisita comida y la hermosa fotografía: ¡capturasteis la verdadera esencia de la paella!

Y un último agradecimiento para la gente de Valencia, siempre dispuesta, siempre servicial y siempre generosa. En especial, para Enrique Reyna y su cariñosa familia por recibirnos con los brazos abiertos, ejemplos perfectos de lo que es ser valenciano.

UNA NOTA DE FACUNDO

A mi padre, que mira desde el cielo, y a mi madre, Mariano y Minos. Gracias por su amor y apoyo siempre, pase lo que pase.

ACERCA DEL AUTOR

Nacido en Madrid, Omar Allibhoy es el fundador de la aclamada Tapas Revolution, una cadena de restaurantes españoles en el Reino Unido. Comenzó su carrera formándose con el legendario chef Ferran Adrià y luego con Gordon Ramsay en Londres, quien lo apodó el «Antonio Banderas de la cocina». Desde que abrió su primer restaurante en 2010, ha seguido la misión de mostrar lo sencillo que puede ser preparar cocina española en casa. Omar siente el compromiso de estar a la vanguardia de la representación de la maravillosa comida de España en el Reino Unido y ha recibido múltiples premios en el camino. Además de dirigir un negocio de éxito, Omar ha mantenido una carrera de chef televisivo. Es autor de otros dos libros: *Tapas Revolution* y *Spanish Made Simple*.

cincotintas

La edición original de esta obra ha sido publicada en el Reino Unido en 2023 por Quadrille, sello editorial de Hardie Grant Publishing, con el título

Paella

Traducción del inglés
Gemma Fors

Copyright © de la edición española, Cinco Tintas, S.L., 2024
Copyright © del texto, Omar Allibhoy, 2023
Copyright © de las fotografías, Facundo Bustamante, 2023
Copyright © de la ilustración de la cubierta, Melissa Donne, 2023
Copyright © de la edición original, Quadrille, 2023

Todos los derechos reservados. Bajo las sanciones establecidas por las leyes, queda rigurosamente prohibida, sin la autorización por escrito de los titulares del copyright, la reproducción total o parcial de esta obra, por cualquier medio o procedimiento mecánico o electrónico, actual o futuro, incluidas las fotocopias y la difusión a través de internet. Queda asimismo prohibido el desarrollo de obras derivadas por alteración, transformación y/o desarrollo de la presente obra.

Av. Diagonal, 402 – 08037 Barcelona
www.cincotintas.com
@editorial_cincotintas

Primera edición: abril de 2024
Segunda edición: septiembre de 2024

Impreso en China
Depósito legal: B 17259-2023
Código Thema: WBA
Cocina general y recetas

ISBN 978-84-19043-43-6